移民解禁

受け入れ成功企業に学ぶ外国人材活用の鉄則

永井隆

毎日新聞出版

はじめに

元号が令和となり、ラグビーワールドカップ日本大会が開催される二〇一九年は、我が国の歴史における転換点となるだろう。

一八年末に成立した改正出入国管理法（入管法）が、一九年四月から施行されたからだ。外国人労働者の受け入れが拡大されたが、特にこれまで〝聖域〟とされてきた単純労働の分野で、外国人に門戸が開かれた。

背景には、深刻な人手不足がある。先進国の中でも日本は少子高齢化が急速に進んでいる上、人口減少にも歯止めがかからない、危険な状況に陥っている。

外国人の新たな在留資格として、「特定技能」が一号と二号の二段階で設けられた。特定技能とは、就労を目的とした在留資格である。

滞在期間が最長五年、かつ家族を帯同しない単身が条件の「特定技能一号」の対象は、介護、ビルクリーニング、素形材産業、産業機械製造、電気・電子機器関連産業、建設、造船・舶用工業、自動車整備、航空、宿泊、農業、漁業、飲食料品製造、外食の計一四業種である。

受け入れる人数の上限はいまのところ、五年間で約三四万五一五〇人としている。この人数は、私の出身地である群馬県の県庁所在地、前橋市の約三三万七六〇〇人（二〇一九年三月末）を七〇〇〇人ほど上回る規模で、かなり大きな数字ではある。しかも、やってくる外国人はみな労働者だ。適正に賃金を受け、税金や年金、健康保険、雇用保険を支払ってくれる。

彼らは日本人と同様に、サラリーマンとして一定の所得を得るため、これからは消費者として個人消費の拡大にも貢献するだろう。

また、家族帯同ができて、滞在期間の更新が可能な熟練者向け資格である「特定技能二号」については、二〇二一年度に「建設」「造船・舶用」の二業種で本格導入していく。さらに、「自動車整備」「航空」「宿泊」で運用が検討されているものの、五業種以外の業種に関しては未定となっていて、不確定な部分は多い。

ただし、在留期間五年の一号から、二号に転換して、滞在期間が一〇年に達すれば永住権の取得も可能になる。

二号は滞在期間更新が可能で、更新回数の上限に制限がないためだ。あくまで本人次第だが、その先には帰化も視野に入る。

特定技能の受け入れ対象国は、いまのところ九カ国に限られている。九カ国の内訳は、ベトナム、中国、フィリピン、インドネシア、タイ、ミャンマー、カンボジア、そしてネパールとモンゴルとなっている。

このうち、英語が通用するのは、フィリピンだけである。

今回の改正入管法は、さまざまな議論を巻き起こしている。

「十分な議論がなされないまま、与党が強引に成立させた」「受け入れ整備がなされてないのに、あまりに拙速すぎる」「政府には外国人受け入れ拡大の理念がない」「準備不足」「(本来は中心となるはずの)法務省にやる気がない」などといった批判は、いまでも激しい。

おまけに政府は「決して移民政策ではない」と、いまだに言い張っている。

しかし、改正入管法でやってくる外国人は実質的には移民である。〝玉虫色〟の政治決着が、ごく普通に実行されてしまう。なので、政府が示している外国人労働者の上限数は、現在は前橋市の人口を上回る程度だが、これで確定だとは信じない方が良いのかもしれない。今後、増える可能性は高いと見ていいだろう。

ちなみに、国際的に合意された「移民」の定義は実はない。だが、国際連合(UN)の国連統計委員会への国連事務総長報告書（一九九七年）には、「通常の居住地以外の国に移動し、少なくとも一二カ月間当該国に居住する人のこと（長期の移民）」とあり、これがグローバルスタンダードとして使われている。

ドイツなどヨーロッパの移民文化を専門とする立教大学の浜崎桂子教授（異文化コミュニケーション学部長）は、一九年四月施行の改正入管法について次のように指摘する。

「日本政府はまず、移民政策であると明確にすべきです。ドイツのように」

確かに、政府が「移民政策ではない」という主張を継続し続けるなら、将来に向かっての建設的な施策を政府として打ち出せなくなる。

それればかりか、アンダーグランドに潜む、悪質なブローカーなど闇の勢力が力を増していくだろう。政府が公式に移民とは認めないまま、〝実質的な移民〟が増えるほど、グレーゾーンでのお金の動きも増し、闇の利権が拡大する。

ブローカーには、現地在住の外国人のほか、日本に住む外国人と日本人がいる。彼らは外国人と日本の会社とをつなぐが、日本で就労を希望する外国人の若者からお金を受け（技能実習では借金を背負わせることが多い）、お金は送り出し国と日本とに流れる。

ただし、外国人ブローカー自身は、本国では名士であったり、政治に通じる実力者であったりするケースも数多い。日本在住の外国人ブローカーの中には、日本の永住権を持ち、表面上は別の仕事をしている人間もいる。

これ以上の詳細は本編に譲る。が、次のことだけは明らかである。

「これは移民政策である」と、我が国の政治が明確に示さなければ、将来の展望はいつまでも開けない。


単純労働も対象とする特定技能をスタートさせた一方で、政府は高い技能や学歴を持つ外国人労働者を増やそうと動き出した。「高度専門職」という在留資格の取得要件を緩和したのである。

「高度専門職」を取得すれば、永住権を取得しやすくなるほか、配偶者の就労や父母の帯同などの優遇を受けられる。内容は本編で詳述するが、先端技術分野で日本経済は負けが込んでいるという現状を、なんとかしなければならないのだ。

人手不足の工場労働者を特定技能で充足させるとともに、研究開発（R＆D）にも優秀な外国人を投入していく計画である。しかし、球速一六〇キロメートルを投げる超一流の投手のような優秀な人材は、日本には来てはくれない。その理由も本編で述べる。

ここで一つだけ示しておくと、同じ外国人でも大卒といった高学歴者に対して、我が国はすでに開かれた国である。大卒ならば、就労ビザの取得は簡単なのだ。どこの国の出身かではなく、大卒など高学歴かどうかが問われる。

政治に期待する日本人が、果たしてどの程度いるのかはわからない。ポイントは、ビジネスとして歴史的とも言える外国人の受け入れ拡大を、どう捉えていくべきか。いや、一歩進めて、〝実質的な移民〟を、企業の中で戦略としてどう組み込んでいくのか。そして、同じ会社のなかで、彼ら彼女らとどう接していけばプラスに作用していくのか。日本人ビジネスマンには、これからどのようなスキルが求められていくのか。

さらに、目的を共有して動く企業のような限定された組織とは別に、地域社会として外国人との接し方を、どうしていくべきなのか。「共生」は可能なのか、それとも「共存」の範囲で平和的な落としどころを見出していくのか。

本書は、こうした現時点で考えられる課題について、具体的な事例や実態を踏まえながら、解決に役立つ具体策を提示する試みである。

競争をともなうビジネスの場合は、外国人労働力をうまく活用できた会社と、できない会社とで差異が生まれる。これから、真の意味で日本企業の経営力が試されていくのだ。企業によっては、移民戦略に浮沈と生き残りがかかっているというケースも多いだろう。

それだけに留まらず、いままでのような商慣行や企業の常識が、押し寄せる移民を前に本当に通用するのか、いまこそ考え直さなければならないはずである。

「ウチは関係ない」という向きもいるだろう。しかし、本当に関係ないと言い切れるのか。いまやサプライチェーンが広がって、様々な業種が相互に深く関わり、一つの製品が生み出されるしくみに変わっただけに、ほとんどの企業は、移民とまったくの無縁というわけにはいかないだろう。

例えばビール会社の場合を考えてみよう。大手企業であるビール会社には、今のところ総合職あるいは専門職としての外国人しか、おそらくは働いていないだろう。

しかし、大きな取引先であるチェーン居酒屋などの外食産業には、留学生をはじめ外国人が既に多数就労している。なかには、店長職に就いている人もいるのだ。

「外食での人手不足は、凄まじい。どこを訪れても、人手不足の話を聞きます。外国人労働者の受け入れ拡大で、緩和できると思います。店が落ち着けば、酒類の消費も伸びるはず」（布施孝之キリンビール社長）という声もある。

もっと具体的には、ビール会社の営業担当者はチェーンの店舗、あるいは繁盛している飲食店に訪問して、生ビールサーバーの使い方や清掃の仕方を、定期的に指導して回るのが業務だ。その際、指導を受ける相手が外国人というケースは、既にいま現在もあるし、今後ますます増えていくだろう。

さらに、営業担当者にとってより重要なミッションとしては、他社のビールを納入している飲食店を何度も訪れ、自社のビールに切り替えていく、いわゆる〝切り替え営業〟がある。熱心さや協賛金だけでは、ビールを切り替えてはくれない。営業担当者の提案力が重要になっていく。

一九年四月以降、外食の現場に外国人労働者が増えていけば、そして外国人客が増えていくなら、提案する内容もガラッと変わっていく。

外国人労働者の流入は、従業員や取引先、顧客といったステークホルダー（利害関係者）を多様にしていくのだ。

現実に、中堅自動車部品会社では、外国人の幹部候補者が工場現場で活躍している。一〇年前に派遣で働いていたのを、働きぶりと人柄から正社員に登用。アメリカ工場の勤務などを経験させて、いまでは日本人の部下を使っている。

単純に「安い労働力」と捉えるなら、過酷な労働や失踪といった問題が山積みの「技能実習制度」の延長に過ぎない。

そうではなく、国家の経済戦略として、また企業戦略として、外国人労働者をどう生かしていくかが、これからの日本経済における最大のテーマとなっていくだろう。企業にとっては独自性が求められる場面でもあり、大きなビジネスチャンスとなり得る。経営者の経営力が根底から試されるだろう。


このまま何もしなければ、少子高齢化と人口減少によってこの国はジリジリと沈んでいく。それは、わかりきった事実である。

人口動態調査によれば、二〇一五年の一年間における日本の人口減少数は二七万人を超えた。二〇一〇年代の一〇年間には二七三万人に及ぶ人口減少が予測され、二〇年代には六二〇万人、三〇年代には八二〇万人が減少すると予想されている（国立社会保障・人口問題研究所「日本の将来推計人口（二〇一七年推計）」より）。

人口減少に加え、高齢化が急速に進行していく。

六五歳以上の高齢者人口はすでに三五五七万人（二〇一八年九月推計）となり、総人口に占める割合は二八・一％となった。前年九月の三五一三万人より四四万人も増加した。

高齢者の総人口比が二割を超え「五人に一人が高齢者」になったのは二〇〇五年（二〇・二

%）で、高齢者人口は二五七六万人だった。二五％を超えて「四人に一人以上」となったのは二〇一三年（二五・一％）で、高齢者人口は三一九〇万人だった。

二〇一三年から二〇一八年の三年間で三六七万人も増加したのは、戦後のベビーブームに生まれた「団塊世代」（一九四七年から一九四九年に生まれた約七〇〇万人）が六五歳以上になったためだ。二〇一四年には一一〇万人も増加した。

「六五歳で引退する」などと言ってはいられない。元気なうちは現役で働きたい。だが、七五歳、八〇歳ともなれば、働き続けられる職種は限定されていくだろう。

農業や個人商店、体力を必要としない職人、あるいは自動車産業のような大企業や中小企業の経営者を問わず、まったく同じ状況が訪れる。

一九三〇年生まれの鈴木修・スズキ会長は、二一世紀を迎えたあたりから「俺は死ぬまで働く」と言い続けている。ただ、デスクワーク中心の経営者と、体力が要求される職業では事情は異なる。

「死ぬまで働く」という意思を持っていても、体力仕事の場合、高齢になると思うように働けない。そういった職業を人口減少社会はこれから維持して行けるのか。

いずれにせよ、この国での働き手は、時間の経過とともに確実に減少していく。変化を好む人はそうはいない。現状を変えない方が、楽なのは間違いない。

しかし、ジリ貧を放置しておいて良いはずはない。構造を本当に変えていかなければ、若い人たちや次の世代に対して、大きな負債を残すことになる。そうなった場合、誰が責任をとれるというのか。

もちろん、実質的な移民を受け入れるのは容易ではない。新たに入る外国人と日本人との間、さらには外国人の出身国間での軋轢《あつれき》やトラブル、犯罪は、間違いなく発生する。

ただそういった負の側面も、ビジネスの視点では全く違うとらえ方が可能だ。犯罪が増えれば、ガードマン会社のニーズが拡大し、新しいセキュリティーサービスが創出されていく。そこに起業のチャンスをかぎつける若者も増えるはずだ。

移民たちの移動手段として重宝するであろう自転車はもちろん、安価なPB（プライベートブランド）の第三のビールや、同じくPBの清涼飲料、イスラム教徒向けのハラール対応食材を調達し料理を提供するサービス、外国語に対応できる行政書士や社会保険労務士などなど、外国人向けサービスの需要が一挙に拡大するだろう。

経済に〝ゆらぎ〟が起きて初めて、新たなビジネスチャンスが到来する。これを生かせる企業や経営者が、企業を大きく伸ばす。そんな状況が、今後必ず出現する。

また、その経営者が日本人とは限らない点が、とても興味深い。

経済界の中にも、「労働力は決して解放してはいけない。貧しい国の外国人が押し寄せて来て、日本人の〝血が汚れる〟」（中堅流通の経営者）という主張はある。

日本に働きにやってきた外国人が、日本人男性や女性と結婚するケースが増えると、いわゆる〝ハーフ〟の子供が増えていく。ハーフの子が学校でいじめに遭うケースにも、これまで以上にケアが必要になるだろう。逆に、日本人の子供がそれを理由としたいじめに遭うケースもあるだろう。学校それに自治体はこれまでとは違う課題への対応を迫られるだろう。

日本人の配偶者がいれば、外国人であっても自由に就業できる。永住権の取得はもちろん、帰化も申請しやすい。帰化すれば参政権まで得られるので、権利上は日本人となんら変わらない。

ただ、移民たちが定住し帰化していくことで、長い歴史の上に日本人が培ってきたある種のアイデンティティーに、変容を迫られるかもしれない。

「そもそも、ニートのほか、引きこもっている日本人がたくさんいる。人手不足だからと、外国人の受け入れ拡大を目指すよりも、日本人ニートの活用を優先すべき」という声もある。

ちなみに、内閣府の平成三〇年度版『子供・若者白書』によれば、若年無業者数は七一万人いる。前橋市のほぼ倍の人数であり、この半数が就業すれば外国人労働者の拡大は必要ない、と机上の計算は成り立つ。だが若者無業者が急に就業する秘策はない。それに今後の人口減少すべてをまかなえる数でもないのだ。

そもそも、移民政策は「働き方改革」と関係が深い。

「働き方改革」の目玉は残業時間の上限規制だろう。これまで事実上〝青天井〟だった残業時間が年七二〇時間以内に制限され、違反すれば罰則が科せられるように変わった。労働基準法を七〇年ぶりに改正した大改革であり、大企業では二〇一九年四月から施行、中小企業は二〇二〇年四月から施行される予定だ。

「働き方改革と外国人労働者の受け入れ拡大は、コインの表と裏の関係。人手不足なのに、日本人の働く時間は少なくなっていきます。外国人を受け入れて、ここを穴埋めさせようとしている」（東京で事務所を構える社会保険労務士）

一方で、社会の底辺に、外国人低所得者という新しい階層が生成される危険性も、容易に想像がつく。働き方改革関連法案には、同一労働同一賃金の導入も組み込まれた。正規雇用者と非正規雇用労働者（有期雇用労働者、パートタイム労働者、派遣労働者）との間にある、待遇差の解消を目指すものである。新しい在留資格「特定技能」をもつ外国人は、転職が自由にできる。派遣やパートで働く場合、同一労働同一賃金の原則もこれからは適用されるはず。

ただし、「同じ外国人でも、一生懸命働く人と、働かない人にわかれる。同一労働同一賃金のもとに同じ時給にするのはおかしい。重要な工程を高くするなど、工夫すべきだ」(派遣会社の経営者)という声もある。

現に、技能実習生制度を悪用し違法な労働を強いているケースが多数報道されており、同一労働同一賃金の「枠外」で、外国人労働者が「底辺労働者」とならないよう、しっかりと監視し警戒せねばならないだろう。

ただ、日本を取り巻く問題への対応は急務で、可能な限り迅速に対応しなければならない。しかも法案はもうすでに成立し、この四月に施行されてしまった。

考えるために立ち止まっている時間はもうない。既に賽は投げられてしまった。走りながら考え、修正しつつ、実行していくしかない。

これから日本が直面する大きな変化の「正体」とは、いわばの内なるグローバル化が、二〇一九年から本格的に始まるという、明治の開国や太平洋戦争敗戦にも比すべき大変動なのだ。

その最大のキータームは「ダイバーシティー（多様性）」ではないか。違いを認め合い、そしてその違いを生かしていくという、従来日本企業が苦手とする概念に対応できるかどうかが、これからの日本企業に問われる。異質性との融合は、社内に軋轢やトラブルを生むという側面もあるが、反面、イノベーションを起こすための条件であり、企業に新しい価値をもたらす可能性が大きい。

今後一〇年に起こる変化は、一歩舵取りを間違えれば大惨事を招く、危険な「大波」だが、一方、舵取りを任される経営トップにとっては、一生に何度も遭遇できないような、きわめてエキサイティングな経験になるだろう。

「移民」すなわち外国人単純労働者とともに日本の将来をつくっていくためには、現状の課題ともきちんと向き合わなければならないだろう。

そのために参考になるのは、既に外国人を多数雇用し、人手不足の解消やビジネス規模の拡大に成功した、成功事例の当事者たちの声だ。

上場するある自動車部品メーカーの経営者はいう。

「（滞在期間が最長）五年というのは、短い。せっかく技能を覚えてもらっても、帰国させなければならないのですから。そして、新しい人をゼロから教えなければならず、会社の負担は大きい」

ビル管理会社の経営者も訴える。

「五年はいかにも短い。仕事を習得し、同時に日本語も使えるようになり、これから現場のリーダーとして力を発揮してもらう時期に、帰さなければならない。これでは、安い労働力としてだけ使えといっているようなものでしょう。そもそも、安い労働力と規定されれば、日本人であろうが外国人であろうが、人は一生懸命に働かない」

世界中でビジネスを展開し、各国に工場をもつメーカーのトップは言う。

「優秀な外国人労働者は、海外工場で引き続き働いてもらいます。さらに、総合職に切り替えることで、日本国内の事業所で働き続けてもらうこともある」

日本人として世界最大の半導体製造装置メーカーの米アプライドマテリアルズでシニアVP（上席副社長）を務め、韓国サムスン電子でも社外取締役を務めた岩崎哲夫氏は言う。

「羊の群れに数頭のヤギを混ぜると、群れは健康になる。砂漠の民であるベドウィン人の知恵だが、異質な存在は組織にとって大切です」

同質は心地よく一致団結しやすいため、「追いつけ、追い越せ」のキャッチアップ経済には適する。が、創造性に欠け、新しい価値やアイディアは生まれにくい。ダイバーシティー（多様性）の名のもとに、本当に世界に通用するような新しい価値を生み出していくことが、いま日本企業およびその経営者に求められる、ある種の「使命」ではないだろうか。

外国人受け入れ拡大により、人手不足を解消して、従来の少品種大量生産方式が持っていた競争力を取り戻すだけではなく、新しい価値を生む起爆剤として活用したいところだ。アメリカのGAFA、といってもアップルとアマゾンでは、実態もビジネスモデルもまるで違うのだが、それでも共通して言えることは、それら企業のファウンダー（創業者）たちはみな、移民か、移民二世であるということだ。

歴史的な転換点を我が国は迎えている。企業はもちろん、行政や学校をはじめとする日本社会が、そして日本人一人ひとりが、これからどうしていくのか、それによって未来は大きく変わる。そのための対応の用意ができているかが、いま問われていると言えるだろう。

これから社会に出て行く一〇代や二〇代は、外国人と濃密に付き合って行くことになるのは確実だ。移民が会社にも、社会にも増えていくのだから。それゆえ、彼らは外国人と共存し、共に働くことを前提に、教養やスキルを身につけ、キャリアを描かなければならないだろう。

また、移民と一定の線引きをしながらの「共存」にとどめるのか、生活者として社会に同化させる「共生」を目指していくのか、という問題は、移民を受け入れている国すべてが直面する課題である。

移民は会社の中では「労働者」だが、家に帰れば「生活者」となる。繰り返しになるが、生活者は納税を果たし、何よりもまず、日本企業にとっては自社製品を買ってくれる消費者となるのだ。

単純労働はいずれAI（人工知能）やロボットに置き換わっていくのかもしれないが、AIは納税も消費もしてくれないのだ。健康保険にも雇用保険にも、そして年金にも当然ながらAIは未加入である。

やはり、根本的に人が増えないことには、日本は浮上できないと考えるべきだろう。「移民解禁」とは、日本が抱える人口減少という「重病」に対して、対症療法ではない根本治療が可能な、唯一の方策なのである。

本書は、実質的な移民をビジネス分野でどう生かせば良いのか、そのノウハウを中心に論じていく。

もう止めることのできない、内なるグローバル化に対し、日本人はどう向き合っていくべきなのか。その答えを走りながら探してみよう。企業や個人が生き抜くための方法論は、具体的な成功事例の当事者の言葉に、きっと手がかりが見つかるはずだ。

新しい元号の時代を迎え、内外により一層のグローバル化が進むのは間違いない。この大きな流れのなかを、変化を逆手にとり、批判だけでなくプラスに捉えて生き抜こうとする、未来ある若い人たちが、荒波を乗り越えて行くうえで、本書が一助になればと、そう願っている。

二〇一九年五月

著者

移民解禁：目次

はじめに …… 1

第1章 移民は人口減・人手不足の特効薬 …… 25

このままでは先進国から陥落する日本 …… 27
スズキ社長が移民に熱視線を送るワケ …… 32
人口減少社会を見据えた戦略を進めるトヨタ …… 37
日本の人口減少はどの程度深刻なのか …… 41
人口減少・高齢化社会に移民政策は特効薬 …… 45
移民大国化しつつある日本はもう鎖国できない …… 48
在留資格の六つのカテゴリー …… 54
外国人在留資格Ⅰ：「専門的・技術的分野」の詳細 …… 56
外国人在留資格Ⅱ：「身分に基づく在留資格」の詳細 …… 61
外国人在留資格Ⅲ：「技能実習制度」の詳細 …… 63
外国人在留資格Ⅳ：「資格外活動」の詳細 …… 66
外国人在留資格Ⅴ：「特定活動」の詳細 …… 67

外国人在留資格Ⅵ：「特定技能」の詳細……68
《移民活用の鉄則》……75

第2章 労働者としての移民の特徴を知る……77
すでに解禁されている大卒外国人が狙い目……79
法・制度の「抜け道」には摘発リスク……83
騙されないために悪徳ブローカー〝中抜き〟の構図を知る……85
単純労働かどうかの法的な基準は不明瞭……88
「永住権」の取得には高いハードルが用意されている……93
技能実習生から特定技能へのステップアップは本当に可能か……95
「移民ではない」と言い続けることが移民政策の失敗を招く……98
トヨタ奥田元社長が提唱していた幻の移民政策〝奥田ビジョン〟……101
《移民活用の鉄則》……105

第3章 移民政策は日本をどう変えるのか……107
アメリカ経済復活の立役者は移民だった……109

移民は日本人の職を奪うのか……113
移民により競争力を強化できない企業は滅びる……117
日本経済が負け続けているのは移民を回避していたから?……120
「高度人材」はなぜ日本にやって来ないのか……125
GAFAを創業したのは移民系だった……132
「日本の中のブラジル」に移民との付き合い方を学ぶ……135
近い将来に日本中が移民への対応を迫られる……140
移民とのトラブルは生活習慣の違いによって起きる……143
「共生」を求めず、まずは「共存」で良しとする……145
移民たちは日本をどのように捉えているのか……147
頼りの綱の外国人材に良い環境を提供できるかが勝負……150
移民活用最大のカギ、日本語教育体制をどうするか……153
出世する外国人とトラブルを起こす外国人の違い……157
《移民活用の鉄則》……161

第4章 企業を伸ばす移民活用の鉄則

第4章 企業を伸ばす移民活用の鉄則……163
外国人材で事業を伸ばした企業が掲げる「鉄則」……165

「このまま国に帰れない」という移民の粘り強さに学ぶ……171
文化や生活習慣の違いをどうやって受け入れるか……175
「使いづらい外国人」を使う方法……178
パパ、ママの来日に食事会……180
リベラルな企業風土は人材獲得競争に有利……183
「ジョブズの右腕」は異才とどうケンカしたのか……186
日本人を大事にしない企業は移民も大事にできない……194
多様な国籍・人種からなる組織を運営するための「鉄則」……197
「働き方改革」の徹底によって魅力ある職場づくりを……202
個人を尊重する組織文化が外国人労働者を輝かせる……208
「日本語の壁」に悩む外国人をどう活用するかがカギ……213
消費者としての移民がリテール産業の一大マーケットとなる……219
いま経営者が動けば日本経済は救われる……221

おわりに……225
付録：在留資格一覧表……234

第1章

移民は人口減・人手不足の特効薬

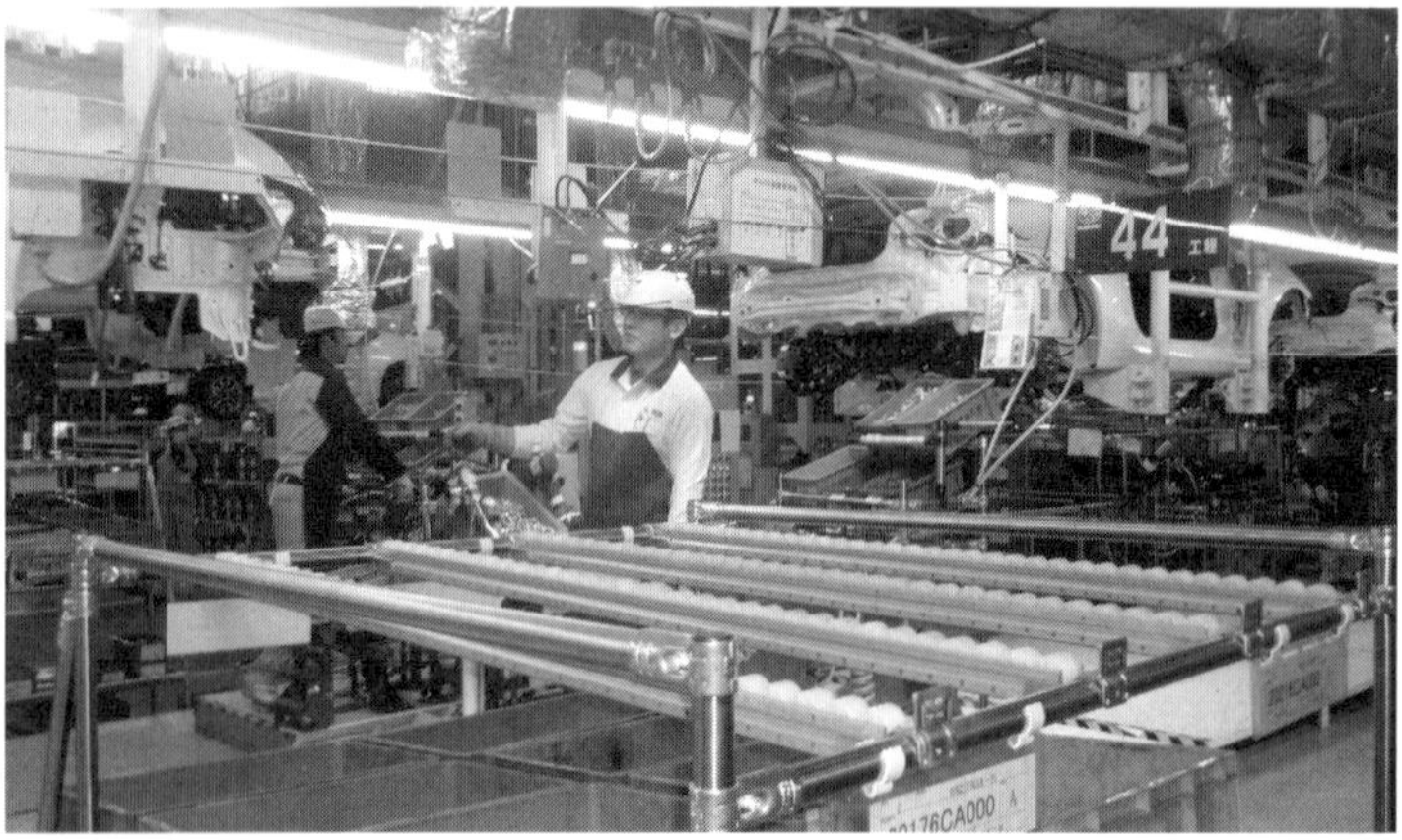

SUBARU群馬製作所本工場の製造ライン。2012年3月16日に撮影

このままでは先進国から陥落する日本

「外国人労働者をいち早く取り入れた会社が勝つのは間違いない。ポイントは、外国人への教育と、住居などの環境を会社としていかに提供できるのか、その二点でしょう。外国人労働者の受け入れ拡大ですが、本当はもっと早く実行すべきだった。人口が減り、人手不足になるのはずっと前からわかっていたのだから。今回は日本が、一流国として残れる最後のチャンス。このチャンスを生かせなければ、日本は二流国に転落していきます」

こう話すのは、ビルメンテナンスをはじめとする総合不動産管理の新栄不動産ビジネス（本社は東京都新宿区）の新田隆範社長だ。

新栄の社員は約七〇〇人。このうち、六％強に当たる四五人が外国人である。といっても、日本あるいは海外の大学や大学院を卒業した高学歴者ばかりで占められる。

後述するが、「専門的・技術的分野」に入る「人文知識」や「技術」といった在留資格を持つ外国人たちであり、会社の中では日本人の大卒者と同じ、総合職として働いている。

「日本の大学を出ているか、奥さんが日本人、という外国人しかいまは雇っていない」（新田社長）と話す。

新栄の取引先には、アメリカ大使館をはじめオーストラリア大使館、トルコ共和国大使館、駐大阪大韓民国総領事館といった公的施設、グーグル、バークレイズ証券、ビー・エム・ダブリューなどの著名な外資企業が名前をずらりと連ねる。

もっとも、「いま喫緊《きっきん》に必要なのは、オフィスビル向け以上に、東京のホテル向けの人手です」と新田氏は指摘する。

二〇二〇年開催の東京オリンピック・パラリンピックを前に、ホテルが次々と都内に建設されている。

ところが、である。箱（建物）はできても、「ベッドメイキングをする人がいない。決定的に人手不足の状態に陥っています。募集をかけても、誰も応募して来ません。こちらで一人部屋の寮を用意してもです。このままでは、オリンピックへの対応が難しくなるでしょう」と、新田氏は指摘する。

ベッドメイキングの仕事は時給に換算すると、「一一〇〇円から一二〇〇円」（新田社長）。一般のビジネスホテルも、新宿歌舞伎町に林立するいわゆるラブホテルも時給の相場は同じだという。単純労働としてはこの時給はそう悪い金額ではない。

浴室を含め部屋を清掃し、のり付けしたシーツに取り替えてベッドを整える。一部屋当

図1　産業別人手不足感（2017年）

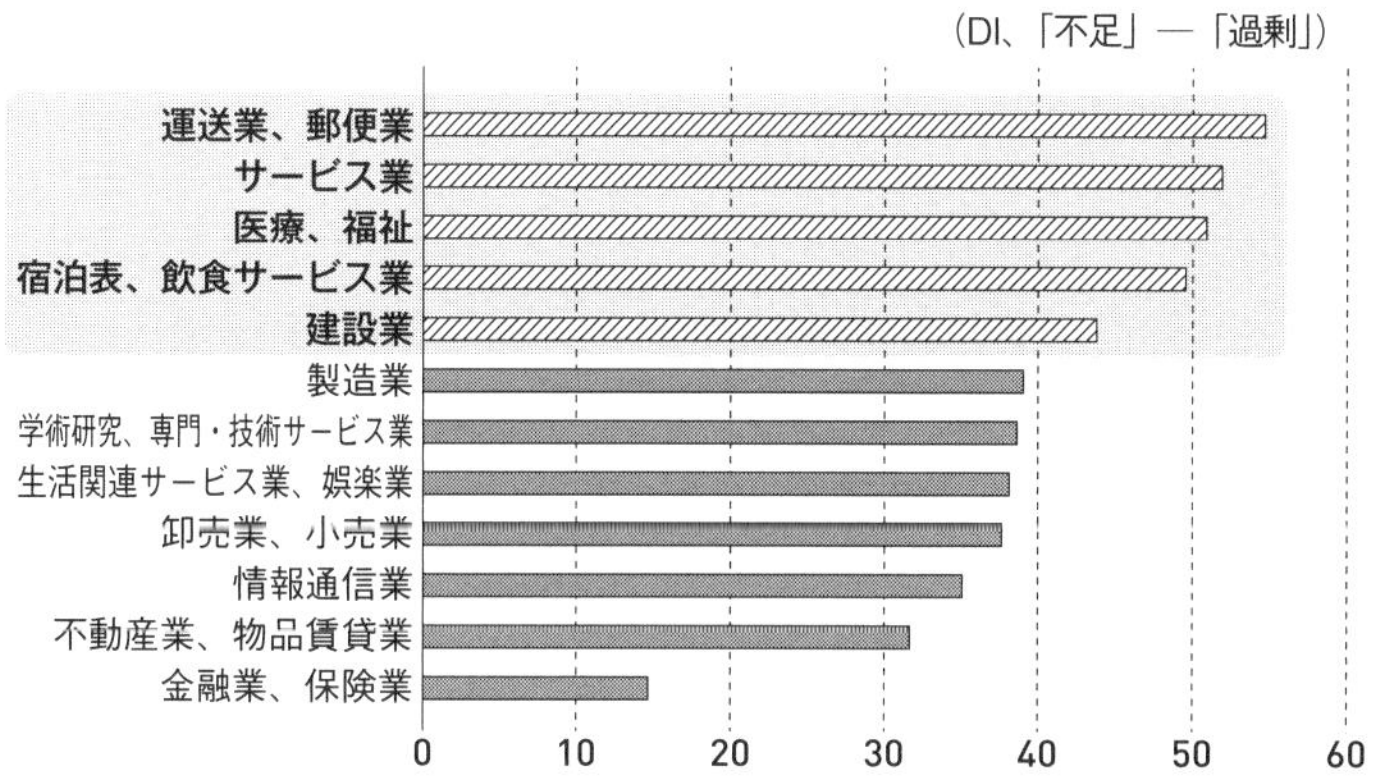

注：DI40以上（斜線）がいわゆる「人手不足産業」
出所：厚生労働省「労働経済動向調査」「雇用動向調査」により作成

たりに費やす所要時間は、二〇分から二五分。

「一週間ほど訓練すれば、たいていの人は覚えられる仕事です。もちろん外国人でも」とも。

需要が高いからという理由だけではなく、「オフィスビルの清掃と比較してベッドメイキングの方が外国人には向いている」と、新田社長は言う。

ビル清掃業務の場合、訪問客から「トイレはどこですか」などと聞かれ、対応しなければならないケースがある。どうしても、日本語能力が要求されるのだ。

清掃員の対応がまずいと、場合によっては客がクレームをビルに入れる。清掃を請け負っている新栄としては、困る事態となる。

ベッドメイキングなら、客との日本語によるコミュニケーションの機会はない。一緒に仕事をする仲間との、最低限のコミュニケーションができれば事足りる。ベッドメイキングという業務そのものができれば、問題はないのである。

もう一つは、勤務時間にある。

ビル清掃はシフトによっては、早朝の六時半から仕事が始まり、午前一〇時半に終わる。つまり、朝六時半に間に合うよう、作業員のための住宅を会社が手当てしなければならない。

大きなオフィスビルは、都心に集中している。特に千代田区、中央区、港区、新宿区、渋谷区、品川区などは、オフィスビルが集中する地域として知られている。

このため、清掃スタッフの住宅も、家賃の高い都内の中心部に確保しなければ、朝六時半の業務開始には間に合わない。

問題は家賃だけに留まらない。そもそも外国人向けの賃貸住宅はどうしても限定される。外国人に部屋を貸したがらない大家はまだまだ多いからだ。しかも限られた地区で探さなければならない。

この点、ホテルのベッドメイキングなら、宿泊客がチェックアウトした後の午前一〇時から仕事を始める。現場の業務が終了するのは、四時から五時だ。ゆえにあえて家賃が高いエリアに住まなくとも、より広範な地域で、清掃スタッフの住宅が確保可能となるのだ。

「日本のホテルでは、日本人がベッドメイキングをしています。一般的なビジネスホテルであっても、〝私が担当しました〟と写真と署名が入ったメッセージカードが添えられているところさえある。品質の高さを売り物にしているのです。

しかし、先進国のホテルで、自国民がベッドメイキングしているケースは少ない。たいていは移民が担う仕事です。日本では、例えば帝国ホテルのような高級ホテルでは、高い品質を提供できる日本人が行い、ビジネスホテルは外国人が担うといった形で、これから分担が分かれていくでしょう。当社は、いち早く外国人を活用していきたい」

と、新田氏は力を込める。

新栄は海外展開も始めているため、新田氏は頻繁に海外に赴く。アジアとロシアをはじめ、ヨーロッパが多い。

もっとも、四月から始まった特定技能一号の在留期間が五年という点に対しては、「短かすぎる」と語る。

「職場リーダーとしてこれからやってもらえる段階で、帰国されてしまうのは痛い。試験を受けて特定技能二号に転換し、長期間働いてもらいたい。

当社では外国人を、戦力として捉えています。将来、進出を計画する国で展開するビジネスの中心人物になっていただきたい。新栄には、外国人の能力を引き出して長期間に活躍してもらうための方策がある。それは、教育のやり方であり、安心できる住環境の提供です。人材の評価手法もそれに加えられるでしょう」

新栄の具体的なノウハウと人事システムについては後章で述べる。

スズキ社長が移民に熱視線を送るワケ

出入国管理法改正案が俎上《そじょう》に上がっていた二〇一八年一一月一日。鈴木俊宏・スズキ社長に対し、「入管法改正案についての所感は」と筆者は質問を投げかけてみた。中間期決算発表後の質疑応答の席上でだった。

俊宏社長は次のように答えた。

「自動車業界は人が不足しています。生産だけではなく、販売、サービス（修理）でも。なので、外国人を採用し、活用していきたい。法案がどうなるのかを追いながら、ぜひとも推進していきたい」

自動車産業に関連する就業人口は約五三九万人。日本の就業人口が六五三〇万人なので、八・三％を占める（二〇一七年の総務省「労働力調査」などから）。自動車の就業人口には、鉄鋼や石油化学、電気機械器具製造業、さらに運送業者やディーラー、自動車整備業者なども入るが、雇用の吸収力は絶大だ。ちなみに五三九万人の内訳は、トラックやバスを使う運送業の利用部門が約二六九万人、ディーラーや整備業者の販売整理部門が約一〇三万人、カーメーカーや部品メーカーの製造部門が約八六万人、鉄や化学製品、プラスチック・ゴム・ガラスなどの資材部門が約四六万人などとなっている。

我が国の主要製造業における製造品出荷額は約三一三兆円。このうち、自動車は五七兆円とその中でも最大の一八・二％（二〇一五年日本自動車工業会まとめ）を占める。

我が国の全製造業の研究費は一一兆五七四八億円に対し、自動車は二兆八〇七一億円でこれも最大の二四・三％を占めている（二〇一七年総務省）。

まさに自動車は、日本経済を牽引している、日本を代表する産業と言える。

だが、日本社会全体と全く同じように、自動車産業はいま、深刻な人手不足に陥っている。

自動車産業は産業としての裾野が広い。

群馬県太田市にある「しげる工業」は、太田市に主力工場があるスバル（SUBARU）をはじめ、自動車各社にシートやインストルメントパネルなどの部品を供給している。太田商工会議所会頭を務める正田寛・しげる工業相談役名誉会長は、こう訴える。

「外国人なくして、この地域の、いや日本のものづくりは成り立たない。外国人との共生はできている」

同社の従業員数は約一一〇〇人。うち約二五〇人が外国人である。太田市と、その東部に隣接する大泉町は、ブラジルやペルーからやってきた日系人が多く住む地域だ。

バブル期の人手不足を解消するため、一九九〇年に出入国管理及び難民認定法（入管法）が改正された。就労に制限のない（単純労働を含めどんな仕事にも就ける）在留資格として「定住者」という資格が新設され、日系二世・三世およびその配偶者が対象となったのだった。

もっとも、いまはベトナム人をはじめとする、アジア各国からやってきた技能実習生も多く働いている。

「特定技能資格の新設には期待している」と正田氏は話す。

太田市の西北に隣接する桐生市にあるミツバは、ワイパーやドアミラーなどを生産する自動車部品大手である。その製品はホンダやSUBARUなどに供給されている。現在はグループ全体で約四〇〇〇人の外国人が工場で働いているが、「それでも人手不足は解消されない」と同社首脳は嘆く。

四〇〇〇人の外国人の大半は技能実習生だが、「せっかく一人前に育っても、五年で帰国させなければならない。そして、新人をゼロから教える。今回の特定技能も技能実習の繰り返しになるようなら、現場は進化できない」(同)と、新田氏と同じ悩みを吐露する。

今回の入管法改正において単純労働として数えられている工場現場の作業だが、現実には働く人々の工夫や提案により動いている。なので、ベッドメイキングのように一週間で仕事を覚えられるわけではない。ある程度の熟練が求められる。

こういった業務に従事する外国人労働者については、短期間の労働者を念頭に置く「特定技能一号」からスタートし、仕事に熟練し日本社会にも順応するに従い、より長期間の在留ができる「特定技能二号」へ転換することが求められるだろう。

しげる工業やミツバのトにには、二次、三次と下請けが連なる。人手不足は二次、三次の規模が小さな会社ほど深刻である。

人口が減り続け需要も減少するため、頂点に立つ自動車メーカーは海外生産を増やして行かざるを得ないだろう。それは、これまで日本の製造業の海外流出の主因だった、円高など為替変動への対応というよりも、人口減少にともなう労働力不足、および市場の縮小という構造的な変化がこれからの要因になるのである。

日産の主力車種「マーチ」は、タイで生産されている。スズキの「バレーノ」は、インドの主力工場で生産されている。メイド・イン・タイランド、そしてメイド・イン・インディアの逆輸入車が日本国内を普通に走っている光景など、少なくとも二一世紀が始まった頃にはまったく想像ができなかった。

自動車産業全体の国内生産台数は一〇〇〇万台弱。このうち、国内販売が五〇〇万台弱で残りは輸出である（二〇一七年ならば、国内生産が九六九万台。輸出は約四七〇万六〇〇〇台）。

円が安く推移し、輸出が伸びれば、自動車業界は潤う。いや、日本経済全体が好景気となる。

広島県に拠点を置くマツダや群馬県東部の太田・大泉地域が拠点のＳＵＢＡＲＵは、国内生産比率がそれぞれ約六割、約七割と高い（ただしいま、ＳＵＢＡＲＵは完成検査の不正問題で、経営が揺れてしまっている）。

両社に共通するのは、量を追わないブランド戦略をとっているという点だ。「世界の自動車市場のシェア二%を追う。一〇〇人に二人の熱烈なファンに向けたクルマをつくる」（マツダ首脳）戦略なのだ。量ではなく、価値を追求しているため、既存ユーザーのブランドへのロイヤリティは高い。だが、人口が減れば生産にも国内販売にも限界は生じる。

人口減少社会を見据えた戦略を進めるトヨタ

では、不特定多数の顧客を取り込もうとするトヨタはどうか。

トヨタ自動車の国内販売事業本部副本部長で常務役員（当時）の長田准氏は言う。

「国内市場がいまのまま縮小していくと、トヨタの販売台数は二〇二五年に年間一二〇万台まで下がると考えている。これを現状のまま一五〇万台に維持するためには、どうすればいいか私たちは迫られています。三〇万台の差が生じますが、何とかしなければならない」

このため、トヨタは二二年から二五年にかけて、現在のトヨタ店、トヨペット店、カローラ店、ネッツ店という四系統をまたいで、すべての店舗で全車種を販売していく。事実上のディーラー網の再編である。

トヨタの系列ディーラーは、クルマのカテゴリーや顧客層によって、異なるクルマを販売してきた。クラウンなどの高級車を扱うトヨタ店、ミディアムカーを扱うトヨペット店、主力車種のカローラなどを扱うカローラ店、ヴィッツに代表されるコンパクトカーとミニバンを扱うネッツ店がそれである。

だが、その四系列をひとつにまとめ、販売効率を高めていくことで、少子高齢化にともなう日本市場の縮小に対応する方向だという。

販売台数ではトヨタに劣るホンダだが、既に、三系列をホンダカーズに一本化した。ホンダの追随ではあるが、東京都においてトヨタが直営する販売会社は、二〇一九年四月に四社を統合させた。系列の名称を廃止し、各店舗の看板も統一させて行くという。

高齢化と人口減少に伴う国内市場の縮小は止まらず、トヨタが国内で有してきた強力な販売力をもってしても、どうすることもできなくなったのだ。

一方で、販売店の新しいサービスも始まっている。利用者が毎月の会費を払えば、複数の車種を乗り換えながら借りることができる「ＫＩＮＴＯ（キント）」という新サービスを、二〇一九年一月から都内の販売店で始めている。

仕事にはセダンを、家族でのドライブにはミニバンをと、利用者は用途に応じてクルマを選べる仕組みだ。ちなみに、レクサスも使える。

また、一台の車を複数の人が共有するカーシェアリング事業も二〇一九年からスタートさせるという。販売店が所有する試乗車を活用。既存のカーシェアリングサービスと同様に、利用者はスマホで予約から決済までを行う。

国内販売の改革は急務だが、トヨタは現在五〇以上ある車種を、二〇二五年を目処に三〇程度に絞り込んでいく。

モノづくりを得意とした日本企業の形が、いま猛スピードで変わっている最中なのである。


戦後のベビーブームで生まれた団塊世代が七五歳以上となる二〇二五年、団塊世代の大半はもはやクルマを運転しなくなるだろう（もちろん、バス路線も廃止されつつある地方では、生活のためには何歳になっても運転を続けなければならないのだが）。

トヨタの国内生産は年間で約三〇〇万台。半分は輸出である。

国内販売が今後一層先細って行くのは、既にわかりきったことだ。縮小する市場を、トヨタをはじめ各社が取り合っていく構図である。

このままでは構造的に、自動車産業のディーラーや修理工場、中小の部品工場は衰退していかざるを得ない。となるとまずは、現状の課題、特に労働力不足を解消し、競争力をつけて行くことは避けては通れない。

それが理由で、移民労働者の労働力には、自動車産業から熱い視線が送られているのだ。それも、労働力としてだけではなく、カーシェアリングなど新しいサービスの消費者・ユーザーとしての期待も集まっている。

もうひとつ、自動車産業には現在、「ＣＡＳＥ（ケース）」と呼ばれる「一〇〇年に一度」の変革が訪れている。

「ＣＡＳＥ」とは、「Ｃｏｎｎｅｃｔｅｄ：コネクティッド（自動車がインターネットに常時接続）」「Ａｕｔｏｎｏｍｏｕｓ（自動運転）」「Ｓｈａｒｅｄ（シェアリング）」「Ｅｌｅｃｔｒｉｃ（電動化）」の四つの頭文字。もともとは、ドイツのダイムラーのＣＥＯが二〇一六年に初めて使った造語だ。

トヨタのキントは、シェアリングサービスのひとつである。従来、移動手段だった車が、あらゆるサービスにつながることで社会システムの一部になる、という方向性がＣＡＳＥには示されている。

その基盤となるのは、電気自動車（ＥＶ）を中心とする車両の電動化を支える大容量のリチウムイオン電池である。

ＣＡＳＥは、グーグルなどのＩＴ企業はもとより、流通や住宅、金融など多くの産業を巻き込んでいく。同時に、モノのインターネット（ＩｏＴ）の普及をはじめとするデジタル革命が、いまやあらゆる産業で進行している。

外国人かどうかは、実はもうどうでもいい。トッププレーヤーは国籍を問わず喉から手が出るほどほしいというのが企業の本音だ。

なのに、ＩＴエンジニアをはじめ高度人材のグローバルな争奪戦に、我が国産業界は後れをとってしまっている。日本企業が負けている背景として、報酬体系や人事システムなど、いくつかの問題点が指摘されている。

日本の人口減少はどの程度深刻なのか

「前書き」に示したように、少子高齢化と人口減少により、人手不足と国内市場の縮小という二つの危機がいま、日本経済に向かって同時並行的に押し寄せている。

一八歳人口がピークだったのは、一九六六年のことで、二四九万人だった。六七年が二

図2　１８歳人口の推移

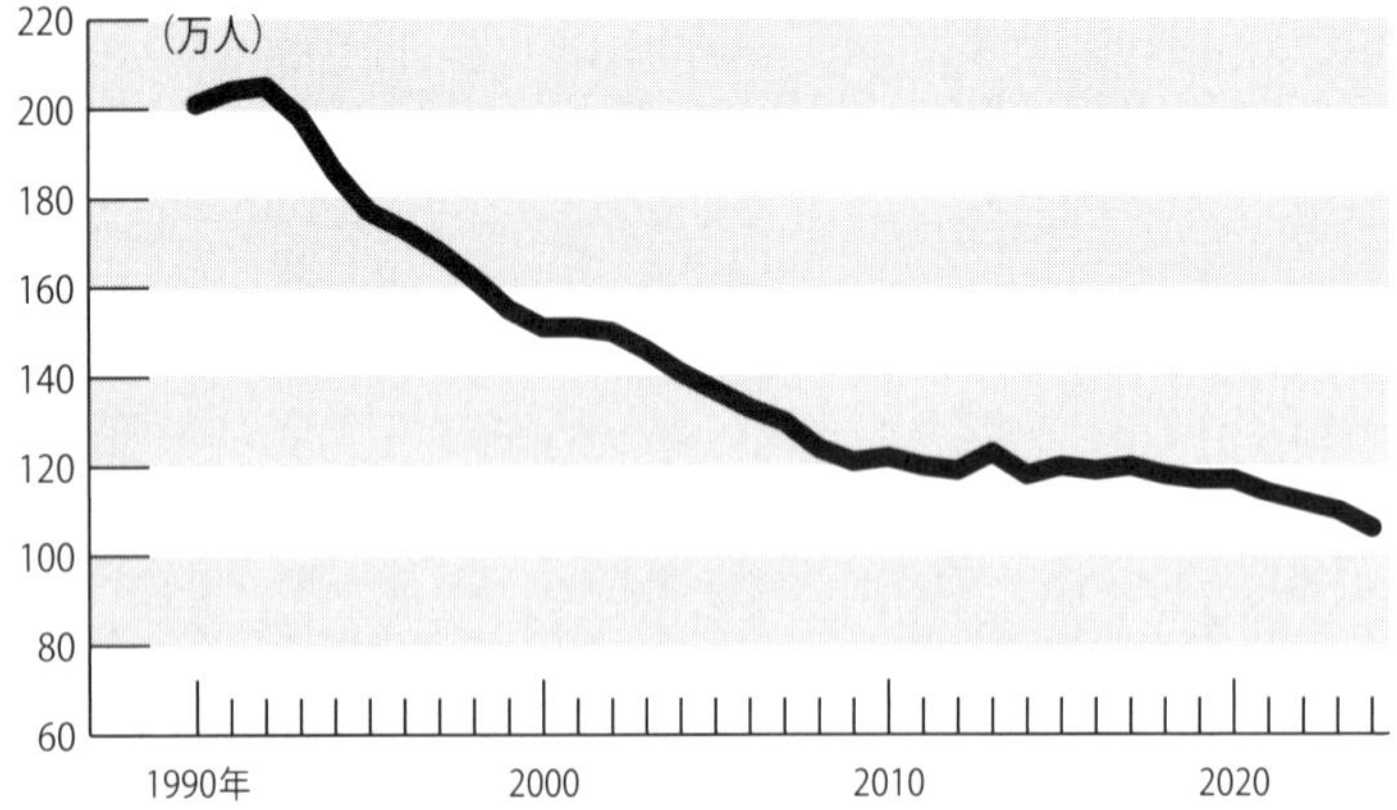

出所：文部科学省資料から作成

四三万人、六八年も二三六万人と高水準の年が続いた。この三年間の計七二八万人とは、戦後生まれの団塊世代（一九四七年〜四九年生まれ）を指す。

紛争により東大入試が中止となった六九年は二一三万人、七〇年は一九五万人に減り、七六年には一五四万人と六六年の六二％にまで減少していく。

また、ピークの前の六五年は一九五万人、終戦の年（四五年）に生まれた人が一八歳となった六四年は一四〇万人だった。

棒グラフにすると、空に向かって聳え立つ、切り立った超高層ビルにも似た形となる。

次に一八歳人口がピークを描くのは、一九

九二年の二〇五万人。前後を示すと、九〇年が二〇一万人、九一年が二〇四万人、九三年が一九八万人。棒グラフは、なだらかな山の形を描く。ここが、団塊ジュニア世代（主に一九七一年〜七四年生まれ）を表す。

このように日本は、〝ふたこぶラクダ〟のような人口構成になっているのが大きな特徴だ。

他の先進国でも戦後のベビーブームはあった。だが戦後の三年間生まれだけがここまで突出することはなく、もっと長期間のあいだ人口のピークが続き、やがて徐々に落ち着いていった。

日本だけが三年間の突出を生み、突出はほぼ四半世紀後にもうひとつの〝こぶ〟を生成した。

戦後、なぜ日本のベビーブームだけが三年間で終わったのか。それは、急激な人口増を抑制しようと、日本政府が「優生保護法（現在は母体保護法）」を施行したためだった。人工中絶が合法化されて、ベビーブームは三年間でピタリと終わる。

団塊世代は、その人数の多さから、幼稚園や小学校の運動会に始まり、高校や大学の受験にいたるまで、とにかく激しい競争にさらされた。ちなみに六六年の大学（四大）進学率は一一・六％、二〇一七年は五二・六％である。

ただし、就職が完全な売り手市場だった点は団塊世代にとって福音だった。六〇年代後半は高度経済成長の只中にあり、高卒の就職希望者は〝金の卵〟と呼ばれ、どこへ行っても持てはやされた。

これは、その四年後に就職を迎えた大卒者も同じだった。景気拡大は長期にわたって続き、学生運動に参加した人間でも、大企業に就職するのは比較的容易だった。

一九七三年一〇月に勃発した第四次中東戦争をきっかけに、物価が高騰、いわゆるオイルショックが発生する。だが、そのときにはもうすでに団塊世代の大半は就職を終えていた。浪人や留年をして大学の卒業が遅れた向きでさえ、いわば〝最後の便〟で飛び立っていけたのである。

一方、団塊より後の世代は就職難に苦しむことになる。オイルショックをきっかけに、七四年の就職戦線から、多くの日本企業は採用を抑制してしまったのだ。

こういった事情があったため、団塊サラリーマンの中には、会社の中にしばらく後輩がいなかったという人もいた。彼らは二〇代の頃、何年たっても若手社員扱いのまま、という状況を経験している。

団塊の半分を占める男性の多くは、日本的な慣行として出生数の少ない世代である年下の女性との結婚を目指したが、もっとも人口の多い世代ゆえ、当然のことながらミスマッチが生じた。また、団塊の女性にとっても、相手となる年上の男性の総数は少なかった。この結果、男性も女性も結婚しないケースが多かった。それでも、就職に困難はなく、彼らは経済的に恵まれた人生を歩む。

生涯独身を通す人が、さして珍しくなくなったのは団塊世代からだったろう。一方、結婚した男女は夫婦と子供が二人という、標準的なモデルをつくり上げていく。

人口減少・高齢化社会に移民政策は特効薬

問題は、団塊ジュニア世代だった。一八歳人口が二〇五万人に及んだ九二年の大学進学率は二六・四％（短大と専門学校まで含めると五六・一％）。

一九九〇年代初頭には、それまでのバブルは崩壊。大卒の九二年入社組は、「面接さえ、した覚えがない」と言われるほど簡単に大手企業への就職を果たした。事実、九一年の就職戦線の最中に、内定者を東京ディズニーランド（なかには八丈島）などに拘束する企業さえ、当時は珍しくなかった。

ところが、翌年になると就職環境は一変する。オイルショック後と同様に、企業は採用を抑制。長く厳しい、就職氷河期が始まる。

その時代に就職期を迎えた団塊ジュニア世代は、父親たちとは違い、就職がままならない〝失われた世代〟となったのだ。バブル経済の崩壊により、日本経済全体が「失われた平成」へと突入しはじめたのである。

九七年には北海道拓殖銀行や山一証券が相次ぎ破綻。その後も日本長期信用銀行、千代田生命なども破綻していった。

九〇年代後半になると、団塊世代も五〇代を迎え、リストラの対象になっていく。それでも、早期退職優遇制度として割増退職金を用意する大手企業も少なくなかった。会社人生を通じて、団塊の世代はお金にはそれほど苦労していないはずだが、出世した人と、そうでない人とに分かれた。ただ、アメリカとは違い、日本企業において生涯賃金の差はそれほど大きくはなかった。

これに対し、就職すること自体が難しかった団塊ジュニア世代は、フリーターや派遣社員など、いわゆる非正規雇用によって社会に出て行った向きも多い。経済的に安定しない生活が続き、結婚も、その先の出産、そしてお金がかかる子育てが、彼らには難しいものとなった。

この結果、二〇一七年の一八歳人口は一二〇万人まで減少した。二〇〇八年あたりから一八歳人口は一二〇万人前後で下げ止まってしまい、三つめの〝こぶ〟が生成されなかった（アメリカにはあるのに）。

それればかりではない。二〇二一年には一八歳人口が一一四万人となり、このあたりからさらなる下降曲線を描いていく。二〇三二年にはとうとう九六万人と、ついに一〇〇万人を切ってしまう見込みだ（国立社会保障・人口問題研究所「日本の将来人口推計」より）。

一方、一五歳以上で労働する意欲を持つ人の数、いわゆる労働力人口について、二〇〇〇年と二〇二七年を比較すると、高齢者の比率が増すことが予想されている。二〇〇〇年の労働力人口は六七六六万人。このうち一五歳から二九歳の若手労働者は一五八八万人で二三・五％を占め、六五歳以上は四九三万と七・三％の構成比だった。

これが二〇一七年では、労働力人口が六五五六万人に対し、一五歳から二九歳は一一六三万人で構成比は一七・七％、六五歳以上は六八五万人で構成比は一〇・四％と、高齢者の割合がとうとう二桁に乗った。

二〇三〇年ともなると、労働人口自体が六一八〇万人まで減少する。一七年比で五・七％の減少だ。一五歳から二九歳が一〇一九万人（構成比は一六・五％）、六五歳以上は六八六万人(同一一・一%)になっていく(JILPT「平成一九年労働力需給の推計」より)。

数字を見るだに、なんともすさまじい「人口減少・超高齢化」が日本を襲っていることが分かるのだが、この問題に対する特効薬と期待されているのが、外国人単純労働者の解禁、すなわち事実上の移民政策の開始である。

移民大国化しつつある日本はもう鎖国できない

現在、日本に在留する外国人の数は二六三万七二五一人(二〇一八年六月末・法務省調べ)。前年同期に比べて七万五四〇三人(二・九%)増加し、過去最高となった。二〇〇八年末(約二二一万七四二六人)と比較すると、ほぼ一〇年間で四二万人ほど増加した。率に直すと約一九%増である。

在留外国人とは、観光客をはじめとする三カ月以内の短期滞在者を除く外国人を指す。国籍・地域の数は一九四(無国籍は除く)にものぼる。

トップは中国の七四万一六五六人、二位は韓国で四五万二七〇一人、三位ベトナム二九

図3　在留資格別外国人労働者数の推移

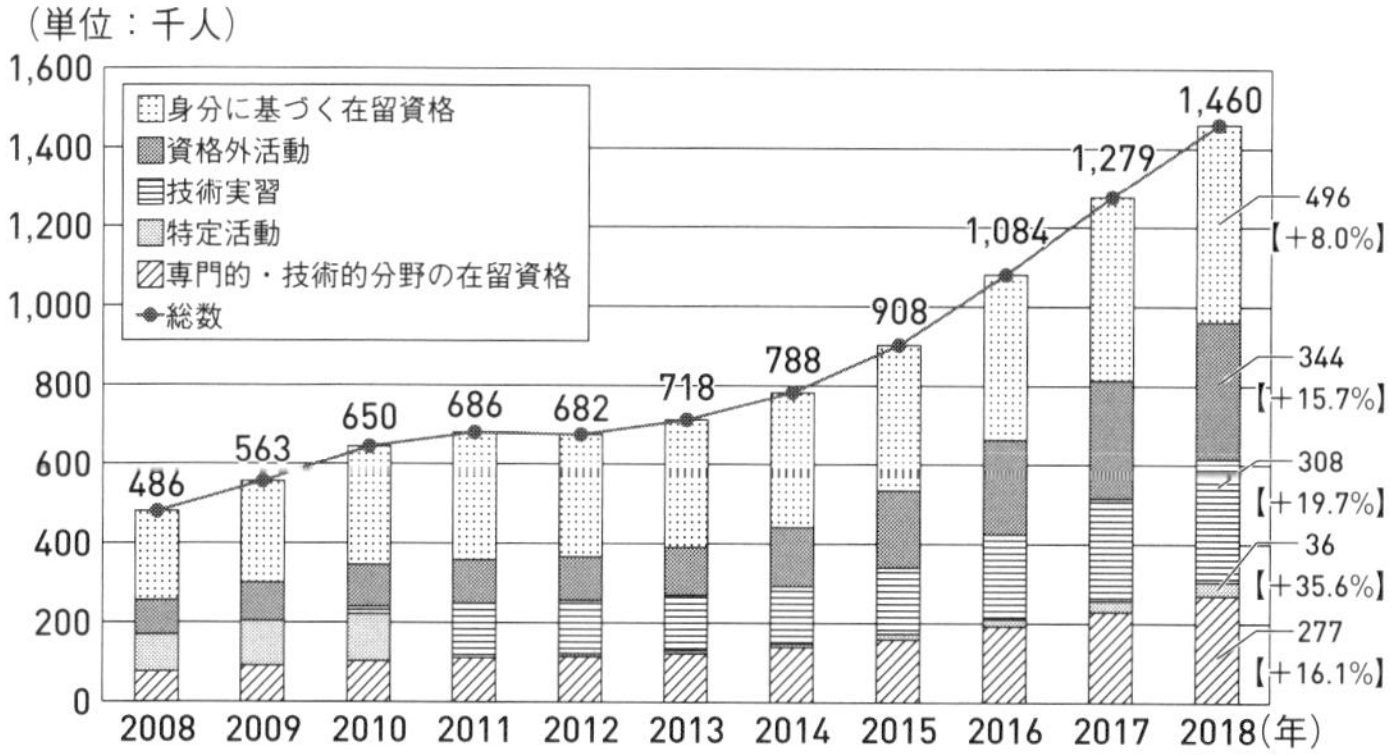

出典：厚生労働省「外国人雇用状況の届出状況（2018年10月末現在）」
注１：【】内は、前年同期比を示している。
注２：「専門的・技術的分野の在留資格」とは、就労目的で在留が認められているものであり、経営者、技術者、研究者、外国料理の調理師等が外用する
注３：「身分に基づく在留資格とは、我が国において有する身分又は地位に基づくものであり、永住者、日系人などが該当する
注４：「特定活動」とは、法務大臣が個々の外国人について特に指定する活動を行うもの
注５：「資格外活動」とは、本来の在留目的である活動活動以外に就労活動を行うもの（原則28時間以内）であり、留学生のアルバイト等が該当する

万一四九四人、四位フィリピン二六万六八〇三人、五位ブラジル一九万六七八一人、六位ネパール八万五三二一人と続く。

　ちなみに、訪日外国人旅行者は、すでに年間三〇〇〇万人を突破し、近い将来に四〇〇〇万人を超えると見られている。

　日本の総人口は約一億二六三六万人（二〇一九年一月一日・総務省調べ）。なので、総人口に占める在留外国人の比率は二・〇九％となる。

この数字の国際比較を見ると、決して多い比率ではない。

一方、厚生労働省の調べでは、日本で働く外国人労働者の数は、二〇一八年一〇月末時点で一四六万四六三人（「外交」や「公用」、「特別永住者」は対象外）だった。一年前の一七年一〇月末よりも一八万一七九三人も増えた。前年同期比で一四・二％増である。

外国人労働者が初めて一〇〇万人の大台に乗ったのは一六年一〇月。一〇八万四〇〇〇人（前年同期比一九・三％増）だった。

リーマンショックが発生した〇八年一〇月が四八万六〇〇〇人だったので、一八年は〇八年の三倍以上となった。実数でみれば、一〇年間で一〇〇万人近く増えている。前年を割ったのは、東日本大震災の影響を受けた二〇一一年が、一一年をわずかに下回っただけ。一三年から一八年まで六年連続して増え続けている。

調査する省庁が異なるわけだが、この一〇年間で在留外国人が五〇万人増えたのに対し、働く外国人はその倍の一〇〇万人も増えているのである。

家族の帯同が許されない技能実習、留学生のアルバイトが増えていることが、その最大の理由だが、一方でその数字は、それだけ我が国の人手不足が深刻だということを物語っ

図４　国籍別外国人労働者の割合

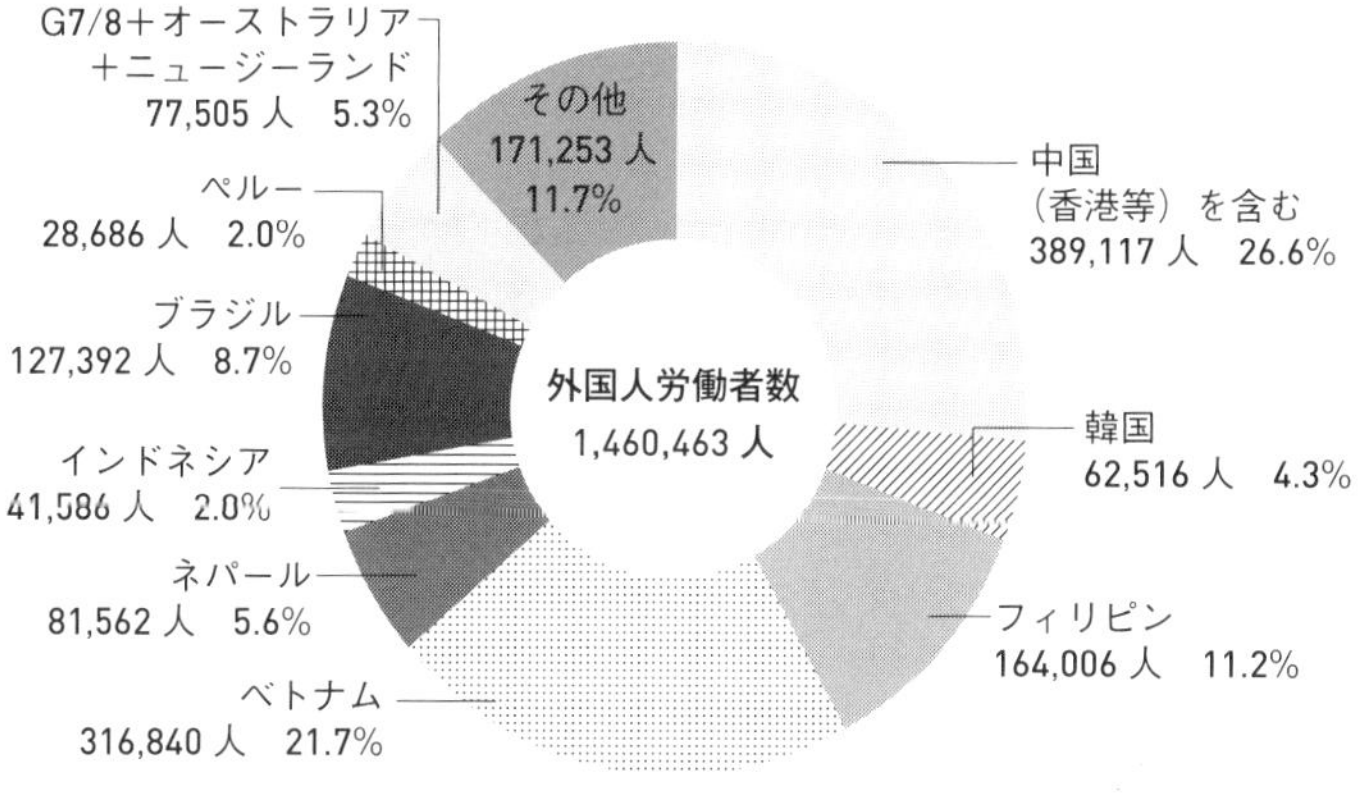

出典：厚生労働者資料（2018年10月末）

ている。

働く外国人の数は、特に直近での伸びが急である。

一五年一〇月が九〇万八〇〇〇人で前年同期比一五・二％増となってから、伸び率は毎年、二桁増を維持している。一五年から一八年までの三年間で増えた外国人労働者は、約五五万人を超える。

一九年四月から受け入れがスタートする特定技能では、五年間で最大三四万五〇〇〇人の外国人受け入れを見込む。が、日本で働く外国人が増加する勢いは、特定技能の見込み値を大きく上回っている。

国籍別では一位の中国が、三八万九一一七人（前年同期比四・五％増）で全体の二七％を占めた。次いでベトナムが三一万六八四〇人（同三一・九％増）で全体の二一・七％、三位はフィリピンの一六万四〇〇六人（同一一・七％増）で一一・二％の割合である。

増加率の一位は、三割以上アップしたベトナムで七万六五八一人増えた。二位インドネシアは前年同期比二一・七％（七四二七人）増で総数が四万一五八六人に、三位ネパールは前年同期比一八・〇％（一二四五一人）増で同八万一五六二人になった。

外国人を雇用する事業所数は、全国に二一万六三四八カ所ある。東京が二七・二％を占めて都道府県別でトップ、次いで愛知八・一％、大阪七・〇％と続く。

産業別では製造業が四万六二五四カ所と二一・四％を占めてトップ。次いで「卸売業、小売業」が三万六八一三カ所で一七・〇％と続き、三位は「宿泊業、飲食サービス業」の三万一四五三カ所で一四・五％、四位「建設業」の二万二六四カ所で九・四％となっている。

図5　日本で就労する外国人のカテゴリー（総数、約146,0万人の内訳）

(1) 就労目的で在留が認められる者　約 27.7 万人
（いわゆる「専門的・技術的分野」）

・その範囲は「産業及び国民生活等に与える影響」を総合的に勘案して個々の職種毎に決定。
→「高度に専門的な職業」、「大卒ホワイトカラー、技術者」、「外国人特有又は特殊な能力等を生かした職業」に大別される。

専門的・技術的分野」に該当する主な在留資格	
在留資格	具体例
技術	機械工学等の技術者、システムエンジニア等のエンジニア
人文知識	企画、営業、経理などの事務職
・国際業務	英会話学校などの語学教師、通訳・翻訳、デザイナー
企業内転勤	外国の事業所からの転勤者で上記２つの在留資格に同じ
技能	外国料理人、外国建築家、宝石加工、パイロット、スポーツ指導者
教授	大学教授
投資・経営	外資系企業の経営者・管理者
法律・会計業務	弁護士、会計士
医療	医師、歯科医師、看護師、薬剤師、診療放射線技師
研究	政府関係機関、企業等の研究者
教育	高等学校、中学校等の語学教師

…「大卒ホワイトカラー、技術者」　…「外国人特有又は特殊な能力等を活かした職業」
…「高度に専門的な職業」

(2) 身分に基づき在留する者　約 49.6 万人
（「定住者」（主に日系人）、「永住者」、「日本人の配偶者等」等）
・これら在留資格は在留中の活動に制限がないため、様々な分野で報酬を受ける活動が可能。

(3) 技能実習　約 30.8 万人
技能移転を通じた開発途上国への国際協力が目的。
平成 22 年 7 月 1 日施行の改正入管法により、技能実習生は入国 1 年目から雇用関係のある「技能実習」の在留資格が付与されることになった（同日以後に資格変更をした技能実習生も同様。）。

(4) 特定活動　約 3.6 万人
（EPA に基づく外国人看護師・介護福祉士候補者、ワーキングホリデー、ポイント制による優遇措置を受ける高度外国人材等）
・「特定活動」の在留資格で我が国に在留する外国人は、個々の許可の内容により報酬を受ける活動の可否が決定。

(5) 資格外活動（留学生のアルバイト等）　約 34.4 万人
・本来の在留資格の活動を阻害しない範囲内（1 週 28 時間等以内）で、相当と認められる場合に報酬を受ける活動が許可。

※外国人雇用状況届出制度は、事業主が外国人の雇入れ・離職の際に、氏名、在留資格、在留期間等を確認した上でハローワークへ届出を行うことを義務づける制度（雇用対策法第28条）。なお、「外交」「公用」及び「特別永住者」は対象外である
出典：厚生労働省資料を基に作成。数字は2018年10月末時点

在留資格の六つのカテゴリー

二〇一八年一〇月時点で約一四六万人と、日本で働く外国人が急速に増加している。彼らの在留資格について、基本形を説明しておく。

出入国管理及び難民認定法では、次の形態での就労が可能となっている（人数などの数値は一八年一〇月）。

① 就労目的で在留が認められる「専門的・技術的分野」と呼ばれる在留資格。具体的には「技能」や「医療」などいくつもの在留資格がある。単純労働への就労はできない。これに該当する外国人は二七万六七七〇人と、前年同期比一六・一％（三万八三五八人）増となっている。外国人労働者全体に占める構成比は一九・〇％である。

② 身分に基づく在留資格。南米からの日系人である「定住者」や、例外的に永住権を持つ「永住者」などがこれに含まれる。就労に制限はない。

これに該当する外国人は四九万五六六八人と、前年同期比八・〇％増となっている。外国人労働者全体に占める構成比は三三・九％である。

③　技能実習制度に基づくもの。技能実習とは、「技能実習」や「研修」を目的に、外国人の在留を認めるものだが、報酬をともなう実習が可能で、事実上の労働者として単純労働分野で活用するケースが多い。中には劣悪な労働条件を強制している事業者もあり、社会問題化している。転職ができないこともその理由のひとつだ。

これに該当する外国人は三〇万八四八九人と、前年同期比一九・七％増となっている。外国人労働者全体に占める構成比は全体の二一・一％である。

④　資格外活動に該当するもの。外国人留学生がアルバイトをする場合などがこれにあたる。アルバイトは週二八時間までと制限がある。

これに該当する外国人は三四万三七九一人と、前年同期比一五・〇％増となっている。外国人労働者全体に占める構成比は全体の二三・五％である。

⑤　特定活動に該当するもの。特定活動とは、「永住者」等のカテゴリーに収まらない、

「その他の活動」として認められているもの。具体的にはワーキングホリデーや、ＥＰＡ（経済連携協定）に基づく外国人看護師・介護福祉士候補者などがこれにあたる。

これに該当する外国人は三万五六一五人と、前年同期比三五・六％増となっている。外国人労働者全体に占める構成比は全体の二・四％である。

⑥　これらに加え、①と同様に就労を認められた「特定技能」が、二〇一九年四月から創設された。

外国人在留資格Ⅰ：「専門的・技術的分野」の詳細

さて、ではこの六つのカテゴリーのうち、一番初めの「専門的・技術的分野」について、ここでもう少し詳しく見ていこう。

就労目的と銘打つ「専門的・技術的分野」に該当する在留資格は、次の三つのカテゴリーに分かれている。

■大卒ホワイトカラー・技術者
■外国人特有又は特殊な能力等を活かした職業
■高度な専門的な職業

それぞれのカテゴリーごとに、主に次のような在留資格が設定されている。

■大卒ホワイトカラー・技術者
・技術（機械工学等の技術者、システムエンジニア等のエンジニア）
・人文知識（企画、営業、経理などの事務職）
・企業内転勤（外国の事業所からの転勤者で右二つの在留資格に同じ）

■外国人特有又は特殊な能力等を活かした職業
・国際業務（英会話学校などの語学教師、通訳・翻訳、デザイナー）
・技能（外国料理人、外国建築家、宝石加工、パイロット、スポーツ指導者）

■高度な専門的な職業

・教授（大学教授）
・投資・経営（外資系企業の経営者・管理者）
・法律・会計業務（弁護士、会計士）
・医療（医師、歯科医師、看護師、薬剤師、診療放射線技師）
・研究（政府関係機関、企業等の研究者）
・教育（高等学校、中学校等の語学教師）

これらのほかに「高度専門職」がある。（出典：厚労省ｗｅｂサイト）

「技術（機械技術者やシステムエンジニアなど）」や「人文知識（企画、営業、経理など）」、そして企業内転勤の在留資格は、「大卒ホワイトカラー・技術者」というくくりとなる。つまり、日本の大学や専門学校、あるいは現地の大学やそれに準ずる高等教育機関を卒業している必要がある。

「とりわけ、現地の大学で、どこの学部を出たかはビザ（この場合は在留資格）取得では重要になります。技術者は、工学部機械学科あるいは情報工学とはっきりしている。

問題になるのは事務系。就労する仕事に関係する経営学部や商学部を出ている必要が、建前としてはあります」（日本人ブローカー）。

「大卒ホワイトカラー・技術者」というくくりのほかに、「外国人特有、または特殊な能力を生かした職業」というくくりがある。これには、技能の調理師、国際業務の通訳などが当てはまる。

実はこれが〝資格の抜け道〟になっており、「大卒ホワイトカラー・技術者」に該当しないが、日本で働きたい・働かせたい場合に活用されているという現状がある。

また、最後の三つ目のくくりとして、教授や法律会計職などの在留資格を「高度な専門的職業」と呼んでいる。

この三つ目のくくりと名称が似ていて紛らわしいのが、「高度専門職」という在留資格である。

これはＩＴ技術者をはじめ、技術開発の最先端で活躍できる人材を、世界から日本に呼び込むことを目的に、日本政府が二〇一五年に新設したものだ。

学歴や職歴、研究実績などの項目ごとにポイントを設定し、一定の水準に達した外国人に認められる在留資格であり、永住許可などで優遇される。なのに、一八年六月末時点で高度専門職の資格で日本に滞在しているのはたった九五六七人に過ぎない。前年同期比二四・八％増と伸び率は高いが、在留外国人全体のわずか〇・七％だ。

ハイポテンシャル・パーソン、ハイパフォーマーは、どうやら日本を相手にしていない。なぜなのか。後章に詳述するが、超一流プレーヤーが日本を敬遠していることは、一九年の「特定技能」新設にともなう外国人労働者の受け入れ拡大に関係している面はある。

事実上の移民は、一部の天才的なプレーヤーに限定したかった、それが日本政府の思惑だった。しかし、思うように集まらなかったことで、単純労働者を解禁し、多様な移民を受け入れる方向に政策転換する結果となっている。

「報酬が低すぎるのが大きな理由でしょう。日産にいたカルロス・ゴーン元社長の報酬が高すぎると、日本では批判されていました。が、欧米の企業社会から見れば、決して高額とは言えません。あくまで、表に出ていた年収一〇億円といった数字で比較した場合に限ってもです。

ディレクター以上となれば、二〇代であっても最低でも年収一〇万ドルをベースに支払うのは一般的です。その上に、成果給が載る。

しかし、日本企業の人事システムは、トップ・プレーヤーを受け入れる体制にない。シリコンバレーでは、高い報酬を得て活躍する日本人のトップ・プレーヤーもいます。大リーグに例えるなら、エンジェルスの大谷翔平選手のような存在でしょうか。なお、トップ・プレーヤーは年齢や性別、宗教、そして人種など、一切関係がない。このように、異質な存在を受け入れる企業文化がまずは求められます」（経営コンサルタントの大澤智氏）

日本の大手企業の多くは、入社年次といった人を基準とした職能給を採用している。欧米企業が採用する、ジョブ（仕事）を基準に報酬が決まる職務給とは違う。しかも、欧米企業では成果が報酬に大きく反映する。

もちろん、お金だけですべての人が動くわけでもない。アニメをきっかけに日本の文化に興味を持ち、日本社会を好きになった結果、日系企業の幹部候補として働く若者もいる。後章で紹介する。

ちなみに国内でのニーズが高い「介護」は二〇一七年九月から、入管法改正にともない新たに追加された。

外国人在留資格Ⅱ：「身分に基づく在留資格」の詳細

さて、②の「身分に基づく在留資格」には、主に次のものがある。

・定住者
・永住者
・日本人の配偶者等
・永住者の配偶者等

一九九〇年の入管法改正で新設された在留資格が「定住者」である。定住者は主にブラジルやペルーなどからの日系人とその配偶者などが対象だ。就業に制限はなく、職業を自由に選択できて、転職も可能である。いわゆる単純労働への就労も可能だ。

一九八〇年代後半のバブル期に、やはり大変な人手不足となり、急きょ日系外国人を導入したという点では、今回と重なる。

「永住者」とは、日本に在住する外国人が永住申請をして、法務大臣から永住許可を受けた人を指す。選挙権や被選挙権はないものの、滞在期間の制限はない。定住者と同様に、単純労働を含めてあらゆる分野に就労できる。永住許可を受けるためには、原則一〇年以上日本に在留することが求められるが、定住者で五年以上日本に継続して在留している場合などには、認められるケースはある。

図6　在留資格別外国人労働者数の割合

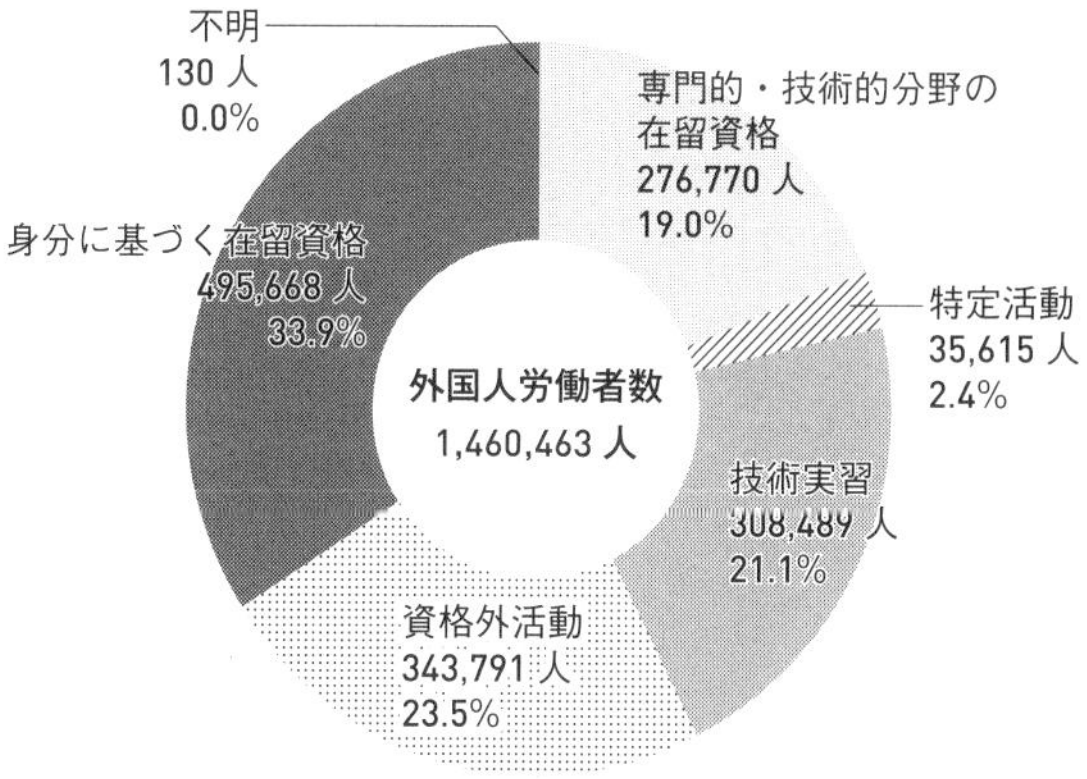

出典：厚生労働省資料（2018年10月末）

「最近は、永住権（永住許可）を取得するのが難しくなっている」と都内で開業する行政書士は指摘する。

外国人在留資格Ⅲ：「技能実習制度」の詳細

技能実習は、長時間労働や低賃金、劣悪な環境での労働など、問題が度々表面化しているが、本来は日本の高い技能を修得し、帰国してからその技能を生かし母国に貢献する人材を育てるという、国際貢献を目的とした制度である。

就労を目的としていないため、実習先からの転職はできない。二〇一七年の失踪者は七〇八九人を数えた。

二〇一二年は二〇〇五人だったので、五年前と比べ三・五倍以上に増加した（いずれも法務省調べ）。

さらに、二〇一八年一二月六日付の毎日新聞は「外国人実習生　3年で69人死亡　6人は自殺　法務省資料で判明」と報じた。この記事によれば、二〇一五年から一七年の三年間に六九人もの技能実習生が死亡していて、このうちの一二人は実習中の事故によるもので、六人は自殺、さらに殺害された人が四人いた。

技能実習制度は一九九三年に、在留資格「特定活動」の一類型としてスタート。在留資格として「技能実習」が設けられたのは二〇一〇年だった。

もともと国際貢献を目的とする制度で、当初はその目的を果たし、成果を上げていた。ところが、日本の人手不足が深刻化するのにともない、目的を逸脱して、安価な労働力を確保するために悪用されるようになる。実習生を取り巻く環境はそれから厳しさを増し、失踪や自殺の多発といった、国際貢献とは裏腹な実態を露呈することとなった。

実習生の受け入れ方式には、大企業による企業単独型と、協同組合などが受け入れ団体となる団体管理型の二種類がある。

「二〇一七年の時点で、受け入れ人数の約九七％は団体管理型です」（行政書士）。

入国一年目は技能を習得する「技能実習一号」、二、三年目は技能に習熟する「技能実習二号」、四、五年目は技能に熟達する「技能実習三号」と、その進路は三つに分かれる。一号から二号、二号から三号への移行には、技能評価試験の合格が求められる。業種により異なるものの、最長で五年が経過したら帰国しなければならない。

技能実習生が日本にやってくるためには、母国でブローカーを仲介するケースが多い。このときに、実習生は多額の費用を要求される。このため、実習生は借金を負って来日し、まずは借金の返済に追われることとなる。雇用側有利の構造だが、実習先がブラック企業であっても転職ができないため、我慢して働いて借金を返し続けるしかない。だが耐えきれなくなって失踪する者が続出している。

なお、技能実習二号を修了すれば、二〇一九年四月に新設の特定技能一号へ在留資格を移行できる。

外国人在留資格Ⅳ：「資格外活動」の詳細

外国人留学生や、いわゆる「家族滞在」、つまり在留資格の『在留外国人が扶養する配偶者や子』にあたる外国人在留者は、就労できない。

ただし申請を行って「資格外活動許可証」を得れば、一週二八時間以内までであればさまざまな職場で働くことができる（夏休みなど長期休暇では、一日八時間以内となる。また、風俗店などへの就労は禁止されている）。

留学生のアルバイトは、大都市圏のコンビニのレジをはじめ、外食産業などでは、なくてはならない存在になっている。

「あるラーメンチェーンではベトナム人留学生の女の子を雇っていた。一週二八時間を厳守して働かせていました。ところが、ある日〝入管〟がやってきて、女の子を連れていってしまった。彼女が実は大学に入っていなかったのが理由です」（外食企業幹部）

働く外国人を巡る違法行為が水面下では繰り返されている。〝違法〟の隣には、またそれなりの額の金が動いている。

外国人在留資格Ⅴ：「特定活動」の詳細

特定活動は、外国人の日本での活動の多様化にともない発生した、「その他の活動」を指すもので、従来の在留資格には該当しない。すべての資格を個別に新設するのは実務上難しいという理由で設けられている。

ワーキングホリデーや介護福祉士候補者などのほか、インターンシップ、アマチュアスポーツ選手、外交官の家事使用人といったものもここに入る。内容は法務大臣が個々に指定する。

ちなみに、スポーツ選手の場合はプロ野球選手やプロサッカー選手、大相撲の力士など、日本のクラブチームとプロ契約した場合は、「専門的・技術的分野」のひとつ、「興業」という在留資格が適用される。これに対し、日本の実業団チームと契約した場合（アマチュアでの契約）の在留資格は「特定活動」になる。

外国人在留資格Ⅵ：「特定技能」の詳細

二〇一九年四月から「特定技能」という在留資格が新設された。

移民政策をとっていないとする我が国では、基本的に外国人は単純労働に就けないことになっている。しかし、我が国は慢性的、かつ2020東京オリンピック・パラリンピックを前に極度の人手不足に見舞われており、この深刻な問題を解消するために「特定技能」が新たに導入された。

特定技能には一定の技能を条件とする「一号」と、熟練した技能が条件の「二号」という二つのくくりがある。

特定技能一号は、在留期間が通算五年までであり、家族の帯同は認められない。一方その上位資格である特定技能二号では、在留期間の更新が可能で、家族の帯同も認められる。

一九年四月から、一号として次の一四業種での外国人の就労が認められた。希望する外国人には一四業種別の特定技能評価試験（新設）と、日本語能力水準の試験が課せられる。技能試験は四月に、宿泊、介護、外食でスタート。他の一一業種も二〇年三月までに段階的に行われる。

以下、一四業種、従事する業務内容、一九年度から五年間の受け入れ見込み数、監督官庁を示す。

・**介護**……入浴、食事、排せつの介助。「リクリエーション」の実施、機能訓練の補助など。訪問サービスは対象外。受け入れ見込み六万人。厚労省管轄［一試験区分］

・**ビルクリーニング**……建物内部の清掃。受け入れ見込み三万七〇〇〇人。厚労省管轄［一試験区分］

・**素形材産業**……鋳造、金属プレス加工、仕上げ、溶接、鍛造、ダイカスト、めっき、機械保全、機械加工、アルミニウム陽極酸化処理、塗装など。受け入れ見込み二万一五〇〇人。経産省管轄［一三試験区分］

・**産業機械製造**……鋳造、塗装、仕上げ、電気機器組立て、溶接、鍛造、鉄工、機械検査、プリント配線板製造、工業包装、ダイカスト、プラスチック成形など。受け入れ見込み五二五〇人。経産省管轄［一八試験区分］

・**電気・電子機器関連産業**……機械加工、プリント配線板製造、電子機器組立て、電気

機器組立て、塗装、溶接など。受け入れ見込み四七〇〇人。経産省管轄［一三試験区分］

・**建設**……型枠施工、土工、内装仕上げ／表装、左官、屋根ふき　鉄筋施行、コンクリート圧送、トンネル推進工など。受け入れ見込み四万人。国交省管轄［一一試験区分］

・**造船・舶用工業**……溶接、塗装、鉄工など。受け入れ見込み一万三〇〇〇人。国交省管轄［六試験区分］

・**自動車整備**……自動車の日常点検整備、定期点検整備、分解整備。受け入れ見込み七〇〇〇人。国交省管轄［一試験区分］

・**航空**……空港グランドハンドリング（地上走行支援、手荷物・貨物受け取り）、航空機整備など。受け入れ見込み二二〇〇人。国交省管轄［二試験区分］

・**宿泊**……フロント、企画・広報、接客、レストランサービスなどの宿泊サービス提供など。受け入れ見込み二万二〇〇〇人。国交省管轄［一試験区分］

・**農業**……耕種農業全般、畜産農業全般。受け入れ見込み三万六五〇〇人。農水省管轄［二試験区分］

・**漁業**……漁業、養殖業。受け入れ見込み九〇〇〇人。農水省管轄［二試験区分］

・**飲食料品製造**……酒類を除く飲食料品の製造・加工、安全衛生。受け入れ見込み三万

図7　産業別外国人雇用事業所数

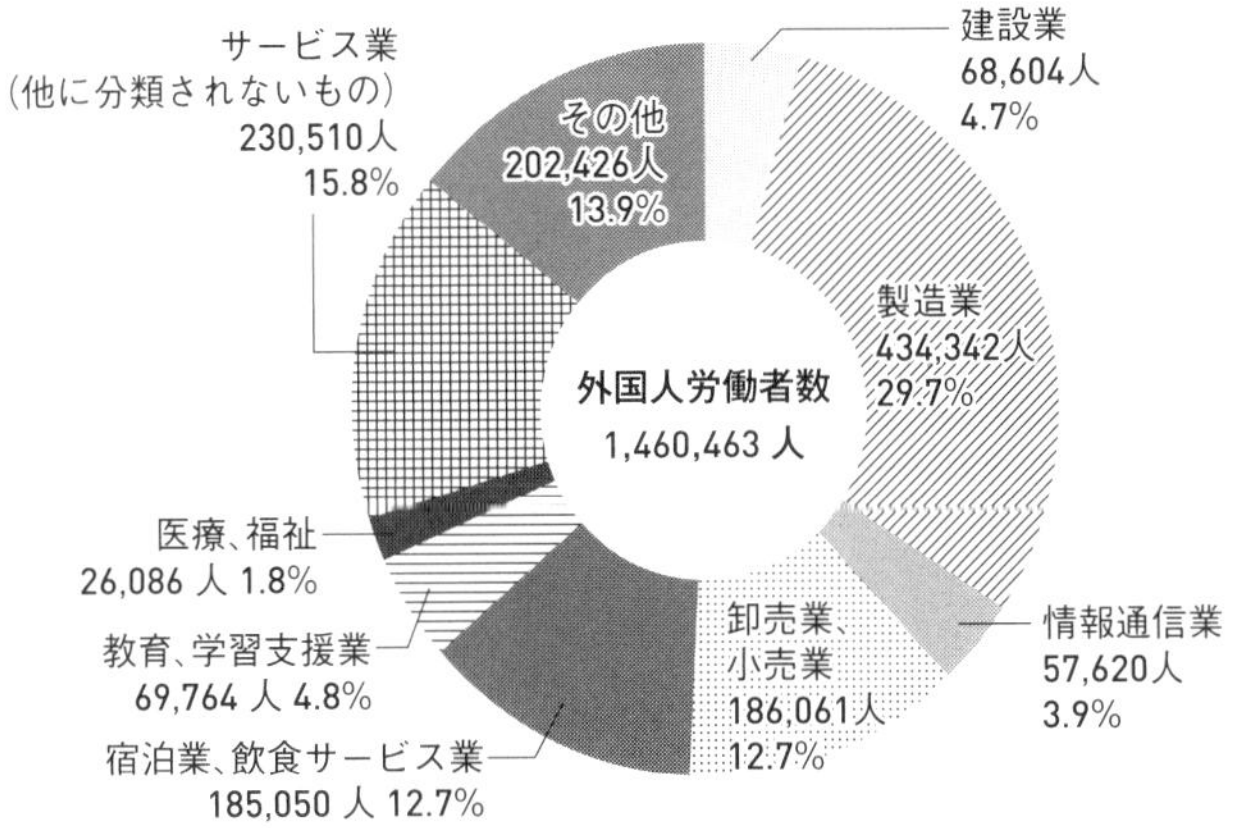

出典：厚生労働省資料（2018年10月末）

四〇〇〇人。農水省管轄［一試験区分］

・**外食**……飲食物調理、接客、店舗管理など全般。受け入れ見込み五万三〇〇〇人。農水省管轄［一試験区分］

　特定技能は、同じ分野ならば転職ができる。就労を目的としているためである。ここが、転職ができない技能実習とは異なる。技能実習では、長時間労働や低賃金といった奴隷労働のような慣行が一部で常態化していたが、転職が出来ず、あまりの辛さに逃げ出せば不法滞在になってしまった。

　転職が可能になることで、外国人は「嫌なら辞められる」うえ、雇用主も処遇を改善して労働者の確保に努めざるを得なくなる。

　グローバル化する世界にあって、しかも年間四〇〇〇万人にも届こうとする外国人旅行者（主に富裕層だが）が訪れている日本で、人権を無視した「奴隷労働」が行われていることが広く認知されれば、〝先進国の面汚し〟だ。

さらに、この資格が誕生した背景には、深刻な人手不足と、働く側の売り手市場という現在の労働市場の問題がある。技能実習の半数程度は、特定技能に転換すると見られている。

また、同じく就労を目的とした「専門的・技術的分野」と異なり、分野によって大卒を求められるといった、学歴や職務経験の要件を必要としない。

こうした新たな在留資格の創設にともない、法務省入国管理局は「出入国在留管理庁」に昇格した。

「新たに庁ができることは、法務省の悲願だった」（他省の関係者）という証言もある。

外国人が日本で介護の仕事に就こうとする場合、特定技能の新設により選択肢が広がった。というより、乱立気味に「介護」人員の確保を目的とした資格が新設されている。在留資格別に、制度開始年月、対象国、就労期間を次に比較する。

・ＥＰＡ（経済連携協定）に基づくもの。二〇〇八年八月から導入。ＥＰＡ締結国（インドネシア、フィリピン、ベトナム）から介護人員を受け入れる。期間は最大四年（ただし、国家資格の「介護福祉士」試験に合格すると期限はなくなる）。

・在留資格「介護」（介護留学生・対象は日本の介護福祉士養成施設を卒業して国家資格の介護福祉士を取得した人）。一七年九月から導入。対象国の規定なし。期間は最長五年（更新可能）。

・技能実習一・二・三号。一七年一一月から導入。基本は二国間取り決め締結国（中国、インドネシア、フィリピン、ベトナム、タイ、インド、ウズベキスタン、バングラデシュなど一五カ国）から受け入れ。期間は五年。

・特定技能一号。一九年四月から導入。対象国は九カ国の予定。期間は五年。

在留資格「介護」は、外国人留学生として入国して専門学校などの養成施設で修学（二年以上）し、介護福祉士資格を取得すれば、ここで在留資格を留学から介護に変更できる。その後特別養護老人ホームなどで業務に従事する流れが想定されている。

受け入れ国に制限はないが、反面、日本の国家資格「介護福祉士」を取得する必要が原則としてある。ＥＰＡも試験に合格し介護福祉士資格を取得しなければ、日本での就労は四年までとなる。

一方、「特定技能一号」なら、受け入れ国は制限されるが、介護福祉士試験に合格する必要はない。在留期間は五年である。四つの介護系在留資格のそれぞれに、メリットとデメリットがある。

介護福祉士は国家資格ではあるが、能力の認定資格であって、業務に必須の資格ではない。医師や看護師、公認会計士のように、資格がなければ業務に従事できない資格とは異なる。実際、介護福祉士資格を持たないまま、介護施設で働いている日本人は多い。

ちなみに、ビザ（査証）は入国のために必要となるもので、発給は外務省の管轄である。これに対し、在留資格は「入国後に外国人が適法に日本に滞在するための資格」となり、発給は法務省の管轄となる。なので、この二つはまったく違うものである。

しかし、日本で働くことができる在留資格は、一般に「就労ビザ」と呼ばれるのがややこしい。また、ブローカーや雇用主間などがビザと在留資格を混同して説明に使っているケースも多い。そのため、本書では読みやすさを優先するため、両者をあえて区別せず同じように使っていく。

《移民活用の鉄則》

- ●製造業やビルメンテナンスなど、高い日本語力を求めない業種では移民は即戦力。
- ●人口減少社会において、人手不足により事業の継続性が揺らいでいる企業には移民の活用が特効薬となる。
- ●すでに在留外国人は三〇〇万人に迫る勢い。後戻りは不可能。
- ●在留資格は複雑で、かつわかりにくい。外国人雇用にあたっては行政書士等の専門家の意見を参考にすること。

第2章

労働者としての移民の特徴を知る

人口減が襲う奥多摩町のメイン通り。平日は人通りがほとんどない

すでに解禁されている大卒外国人が狙い目

では、もう少し深く、実態を見てみよう。

主にバングラデシュから日本企業に、外国人を紹介する日本人ブローカーI氏は次のように話す。

「大学を出ていれば、外国人は日本で働くことができます。日本の大学であれば間違いないし、自国の大学でも問題はない。

卒業者の多い文科系の大卒であれば、就労目的である『専門的・技術的分野』のなかの、『技術・人文知識・国際業務』のビザ（在留資格）を取得する。

日本企業のホワイトカラーといえば、営業や企画、あるいは経理の仕事が中心。なので、経営学部や商学部、経済学部を出ているとビザ取得は簡単にできます。有名大学を出たことよりも、どの学部を出たのかが重要。もっとも、仮に文学部を卒業していても、『文学部卒』を『経営学部卒』に書き換える業者は現地にたくさんいる。技術・人文知識・国際業務は、いわば〝抜け道〟として、我々ブローカーは活用しています。

日本で働こうとする外国人にとっても、日本は学歴社会です。もちろん、日本の大学卒の方が日本語ができるため、就職にはとても有利です。それでも、ビザ取得という目的なら、まずは大卒であることが、外国人にとっては大切なわけです」

意外に受け取られるかもしれないが、日本は高学歴の外国人にとって、すでに労働市場が開かれた国のひとつである。

日本国内の大学や専門学校を卒業する必要もない。一部の例外国を除き、自国の大学（あるいは大学に準ずる高等教育機関）を卒業すれば、ホワイトカラーとして日本で働くことは容易なのだ。

経済や経営と商学部、そして技術における工学部など、大学の履修内容と職務内容との関連性の有無を基本にして、在留資格を取得できる。

「技術・人文知識・国際業務」は、技術者やオフィスワーカーとして働く外国人の在留資格だ。専門家の間ではその頭文字をとって「技人国（ぎじんこく）」と呼ばれている。

二〇一八年六月末時点で「技術・人文知識・国際業務」の在留資格をもち日本で働く外国人は二一万二四〇三人。前年同期比で一二・二％も増えている（法務省調べ）。

この在留資格をもって就労期間を更新し、一〇年間働き続ければ、永住権の取得要件が整っていく。

一方、現在は日本の大学に通う留学生が、卒業後に在留資格を「技術・人文知識・国際業務」に転換してホワイトカラーとして日本企業で働くことも可能だ。日本の大学に四年以上学んだということは、それなりに日本語にも通じていると判断されやすい。

「日本語ができて、日本の社会になじんでいるという部分は、雇う側としてはありがたい」と、すでに多くの大卒外国人を雇用している新栄不動産ビジネスの新田社長は言う。

また、「技人国」と呼ばれるが、前述したように国際業務に含まれる通訳の場合、大卒といった学歴要件はない。

アメリカでは、たとえイギリスのケンブリッジ大学を出ていたとしても、外国人は容易なことでは就労ビザを取得できない。まして、現政権であるトランプ大統領は自国第一主義を掲げ、移民排斥を前面に打ち出している。逆に日本は、高学歴の外国人に対し門戸をすでに開いているのだ。

一部には、「外国人の大学生に日本企業が門戸を開けば、日本の大学生が就職難に陥る」などという指摘はあった。だが、一三年の就職戦線から学生の〝売り手市場〟は続いている。二〇二〇東京オリンピック・パラリンピックが終わった後、二一年における就職戦線であれば、いまとは風景が一変しているかもしれない。だが、今のところ状況は変わらず、一九年の時点では超がつくほどの学生の売り手市場状態が継続中だ。

それはともかく、子供を日本に留学させたり、同じく（自国の）大学を卒業させる家庭は、外国においてもそれなりに裕福であるのは間違いない。経済的に余裕のある家庭の子女なら〝間違いはない〟と判断してしまうのは、やや安易ではあるが、参考にはなる。建前としては、大卒者ならば、専門性と教養、それにモラルを持っていると考えることは妥当だ。

「大学を出ているということは、富裕層の子弟であることを指す。一方、貧困層から日本にやって来る外国人は、就労を目的としない技能実習で来日している。これに、二〇一九年四月から始まった就労を目的とする資格の特定技能が加わったのです。技能実習の半数は、特定技能に移る、と見られています。でも、技能実習と特定技能では、対象国が微妙に違っている」と、I氏は指摘する。

「専門的・技術的分野には、調理師も入っている。インド料理店が、この一〇年ぐらいで増えているのは、日本では調理師としてなら外国人が働けるようになっていることが理由です。インド料理が、特別にブームになったわけではない。また、インドのカレーと看板に書かれていても、実際に働いているのはネパール人ばかりなんです。

開業する際に店の日本人オーナーに、外国人は七〇万円から八〇万円を支払います。営業を継続していれば、客が来てお金は回っていく。彼らは厳しい生活環境でも、必死に働く。脱サラの日本人シェフの飲食店に比べて、心構えが全然違う」

法・制度の「抜け道」には摘発リスク

もっとも、高学歴であってもトラブルは水面下で渦巻く。

最近の出来事として、I氏は声を潜めて言う。

「（就労目的の在留ビザをもつ）大卒外国人でも、問題は噴出しています。ある居酒屋チェーンに鶏肉などの材料を供給している業者が、通訳（国際業務）としてアジアの外国人女性を五人ほど入れた。

しかし、本当は現場でどうしても人が足りず、雇用したのが実態でした。通訳は一人いれば十分ですから。彼女たちを待っていた仕事は、焼き鳥の肉に串を刺す〝串打ち〟という単純作業でした。結局ここは、摘発されました」

深刻な人手不足から、こうした不正は発生する。通訳は大学を卒業する必要はない。求められるのは技能だ。

学歴により優遇されている外国人も、焼き鳥と同じような単純労働に就労するケースはある。

「やはり最近のことですが、バングラデシュでMBA（経営修士号）を取得した、つまりは院卒（大学院修了）の若者（バングラデシュ人）が、いまは群馬のクリーニング工場に働いています。表向きは、工場のオフィスワーカーですが、実際は工場の現場作業に従事している。焼き鳥の串打ちと同じ構図」と、I氏は話す。

MBAをもつ若者をA君としよう。A君が、どういう手続きにより群馬にたどり着いたのか。軌跡を追ってみる。

若者A君はまず、現地で日本円にして七〇万円を用意した。バングラデシュは物価が高騰しているものの、新卒大学生の月額給料は一・二万タカ（約一・八万円）だそうだ。なので、子供を大学院まで出せるほどの裕福な家庭であっても、七〇万円は大金であるのは間違いない。

「お金の相場は、七〇万円から一〇〇万円。卒業した学部が文学部だったりしたとき、商学部に偽造しなければならず、コストも高くなる」とI氏。

騙されないために悪徳ブローカー〝中抜き〟の構図を知る

まず、現地のバングラデシュ人ブローカーのB氏が仲介し、日本にいるバングラデシュ人ブローカーC氏につながる。C氏は日本人のI氏に依頼をする。受けたI氏は行政書士を手配して在留資格取得の手続きを行う。I氏の先には日本人ブローカーD氏がいて、群馬のEクリーニング工場につないでいく。

A君が群馬にたどり着くまでで、たっぷり七〇万円は〝中抜き〟されている。「バングラデシュ人のBさんとCさん、日本人の私とDさん、ここまでで概ね一〇万円ずつ配分されます。そして、雇い主のEクリーニング工場には二〇万円がまわる。

残りはビザ取得をはじめ経費です。なので、七〇万から一〇〇万かかります」とI氏は、地球を半周して人が動いたことで、金が巡っている仕組みの内側をこう説明する。

「一人の外国人がビザを取得して日本の会社で働くのには、膨大な書類が必要になる。雇用契約書や勤務先の会社概要、給与明細や源泉徴収票、もちろん本人のパスポートのコピーなど、揃えて入管に提出しなければならないのです」

在留資格を取得し就職したA君は、群馬で働きながらすぐに求職活動を始めた。MBAを生かせるような就職先を求めてである。

就労を目的としている在留資格であるため、A君には失業が許されない。就労をやめれば、即帰国せざるを得なくなるのだ。日本人のように「勤め始めたけど、しんどいからすぐに辞めた」といった安易なことはできない。

こうまでして彼がビザをとるのは、「バングラデシュでは高い給料は見込めない。クリーニング工場の給料が月一五万円でも、バングラデシュと一桁違う」とI氏は指摘する。大学などで修得した内容と職務内容との関連性の有無は、本当は基本となる。だが、現実にはイレギュラーな流れがあり、人を介してお金が回っている。

「バングラデシュから群馬までの間にいる面々は、みんなワルばかりです。私を含めて……。ただし、バングラデシュ人ブローカーの二人は、実は実力者。現地在住のB氏は複数の会社をもっているし、C氏は日本の永住権を持っている上、国に帰れば政財界に太いパイプがある。家柄も申し分ない。ちなみに、日本でC氏は〝表の仕事〟ももっています。教養があり、温厚な人柄です。仮に永井さんが取材しても、余計なことは一切話さないでしょう。B氏とC氏は、ツーカーの関係でありパイプは太い。

Ａ君も、一〇年が経ち永住権を取った後、Ｃ氏のような大物になるかも知れません。時間とともに、人は入れ替わるのですが、同じことは繰り返されていく。もうひとつ、言わせていただければ、法務省の天下り先であるＪＩＴＣＯ（公益財団法人国際研修協力機構）という団体があります。ここは一種の利権団体です。登録料をはじめ、技能実習の試験料、各種研修料などでお金がまわっている。特定技能が新設され、その利権はさらに大きくなるはず。我々と同じく外国人を食い物にする、堂々たるワルだと思う」

こう話すＩ氏は五〇代。東京の名門私大を卒業後、保険代理店や不動産業など多くの職業を経験。ブローカーを始めたのは一〇年以上前である。

「私は右翼です。美しい日本を愛している」とも彼は話す。

そんなＩ氏は言う。

「外国人労働者の良いところは、真面目に働くことです。言葉のレベルは、ともかくとして。

外国人労働者の問題点は、サービスの文化が欠如していること。出身国や個人にもよりますが、概してサービスは悪い。宅配便の仕分け現場で、荷物を蹴っ飛ばすことがあるなど、自分本位で雑なんです。アジアを旅行すると、お店でおつりを投げる店員なんて普通にいるでしょう。その文化がそのまま日本でも続くのです。

外国人の受け入れ拡大は、やらなければいけない。ただし、条件がある。帰化の障壁を高くすること。次に外国人や外国資本による国土の売買は、もっと規制するべきです。働くだけなら、受け入れ拡大はＯＫ。私は右翼ですが、移民解禁には条件付きで賛成です。いまも、おそらくこれからも問題になるのは、ちゃんとしている会社と、能力があり志をもって働きたいと考える外国人との、マッチングがうまくいってないことです。逆に、この問題の改善が、実質的な移民の活用における重要なポイントとなります。

入管法改正に異を唱え、反対する右翼は多い。では、日本経済をどうしていくのかと、彼らに問いたい。一方で私のような現実的な右翼もいる」

単純労働かどうかの法的な基準は不明瞭

都内で開業する行政書士は指摘する。

「単純労働かどうかには、実は法的な基準がないのです」

就労を目的とした在留資格である特定技能では、単純労働での就労が認められた。それまで、単純労働に就くことのできる外国人は、身分に基づく在留資格（定住者、永住者、日本人の配偶者）を持つ人に限定されていた。

逆に、「技人国」を持つ外国人が、焼き鳥の串打ちやクリーニング工場で働くのは摘発の対象となる。技人国は単純労働への就労が認められていないからだ。

行政書士は、「単純労働か、そうでないかは、入管とビザ申請者側とが、長年にわたって行っているすり合わせ作業を踏まえた、過去の事例によって決まります。（技人国の就労ビザ取得を希望する外国人から依頼を受けた）行政書士が、申請書類を入管に提出します。そのときに、積み上げられてきた過去の事例により、単純労働に該当するのかどうかを入管が判断する。入管が単純労働に該当すると判断すれば、ビザ申請ははじかれてしまう」と説明する。

例えば、ホテルのフロント業務は、「スーパーのレジ打ちと同じ単純労働」だと入管によって長年見なされてきた。

しかし、社会の変化とビジネスニーズから、入管の判断も変わっていった。「ホテル・旅館等における外国人が就労する場合の在留資格の明確化について　平成二七年一二月法務省入国管理局」という一文が、法務省のホームページにある。

これには、外国人がホテルや旅館での就労を希望する場合の、具体的な許可と不許可の事例がいくつも示されている。

許可のひとつには、日本の大学で経営学を専攻した外国人が、日本のホテルで『総合職（幹部候補生）として採用され（中略）、月額約三〇万円の報酬を受けて、外国語を用いたフロント業務、外国人観光局からの要望対応、宿泊プランの企画立案業務等に従事するもの』とある。

また、海外のホテルやレストランでマネジメント業務に従事していた外国人が、国際的に知名度の高い日本のホテルで働く場合『月額六〇万円の報酬を受けてレストランのコンセプトデザイン、宣伝・広報に関わる業務に従事』という事例もある。

一方、不許可事例としては、業務内容や報酬によって示されていた。主な業務内容が『泊客の荷物の運搬や客室の清掃』、あるいは『駐車誘導、レストランにおける料理の配膳・片付け』『報酬において日本人が従事する場合と同額と認められず』と紹介されている。

つまり、フロントはＯＫだが、ベルボーイやベッドメイキングはＮＧ、しかも報酬までが明記されている。

「最近の傾向ですが、入管はビルメンテナンスの会社には、技人国を認めていません。これは、特定技能が始まるからだと思われます」とこの行政書士。

「入管が出入国管理庁に昇格したことで、取り締まりは厳しくなると思われます。予算が増えますから」(同)。

就労ビザは外国人による本人申請が基本だが、行政書士と弁護士が代行できる。『届出済申請者』(通称ピンクカード)と呼ばれる、ピンク色をしたカードをもつ行政書士が担うケースが多い。このピンクカードは、一日で行われる講習を受講すると取得できるという。

「外国人を雇用する会社から、就労ビザ申請の代行を依頼されることもありますが、その場合は雇用する会社についての情報を得る必要があります。また自分たちで申請するので、行政書士はいらないよ、と断られることもあります」

申請に関わる報酬についての規定はない。相場としては一件あたり一〇万円であり、報酬の安さから弁護士は触手を伸ばさないようだ。

技能実習の場合は、直接雇用はほとんどなく、大半は事業協同組合や商工会議所・商工会、農協、公益法人などが監理団体となって技能実習生を受け入れている。このため、監理団体と契約する行政書士に申請業務が集中してきた。

一般の行政書士の場合は、技人国が仕事の主戦場だった。特定技能は、受け入れ機関である企業と外国人とが直接雇用の関係となる。このため、「申請の仕事は増えていくと思います」と言う。

では、取り締まりの強化にともない、不正行為や悪質なブローカーはなくなっていくのだろうか。

「経過を見守らなければなんとも言えません。人が動き、金が動くだけに、予期せぬことは常に発生します」と行政書士は腕を組む。

申請料金は一件一〇万円が相場だが、「一件一万円で受ける行政書士もいます。安く受けること自体に問題はない。しかし、一万円という低価格でも成り立つ背景には、大量発注があり、たいていは悪質なブローカーがいたりします」(同)。

特定技能がスタートすることで、技人国による単純労働への就労は構造的にも抑えられる公算は高い。

技能実習制度において、入国後二、三年目の技能に習熟するための活動である、技能実習二号を修了すれば、特定技能一号に移行できる。就労ビザの獲得により、外国人が劣悪な環境で働くような事態も避けられるはず。

特定技能においては、日本人との同一労働同一賃金が適用されるようになる。

「どのビザであっても、日本人と同等以上の賃金を雇用主は外国人に支払わなければなりません。つまり、都道府県の平均賃金以上にしなければならないのです。

上げる分には問題ないのですが、下げることはできない。なので、外国人を安く使うということは、本当は以前から違法で、ただの幻想なのです。ビザ申請の前に、会社の人事担当者に〝せめて県の平均賃金に設定してください〟と変更してもらうことはあります」(同)。

表面的には環境は整いつつあるように見える。だが、技能実習生の失踪や、所在不明となる大学生の大量発生など、現実との間に乖離《かいり》はある。

「外国人を安く使えたら」という雇用側の思いが、不正を生む土壌となっている。

だが、もしも摘発されれば、会社に処分が下されるだけでなく、代行した行政書士自身も場合によっては資格を喪失することになる。

「永住権」の取得には高いハードルが用意されている

特定技能一号で五年、二号に転換して更新を続け、在留が一〇年を超えれば「永住権」取得が見える。制度の説明では、よくこんな風に制度の概略が解説されている。

だが、「現実として永住権の取得は難しくなっています。働き続けることは可能だと思いますが」と行政書士は指摘する。

日本語の能力については、日本語能力試験（ＪＬＰＴ）における「Ｎ２」レベル以上が求められるとも言われているが、「就労ビザ取得で多少有利になりますが、実際にはほとんど関係ありません」。

では、今回の外国人労働者の受け入れ拡大については、どう見ているのか。

「大筋としては賛成です。技能試験の設問の日本語が難解になる、などの見込みもあって、制度が上手く運用されるかどうか、今後も波乱が予想され、落ち着くまでは時間が必要でしょう。でも長い目で見れば、移民は日本の国益につながります。外国で就労する外国人には真面目な人が多いと思います」

ただし、別の行政書士は次のように話す。

「私は、どちらとも言えないと思っています。実は行政書士になるまでは、サラリーマンをやっていて、企業の人事部にいました。そのとき、ベトナムからきた技能実習生から、『日本には二度と来たくない』と厳しい言葉をかけられたことがあります。

若い彼は大きな借金を背負って来日しました。技人国を持つ外国人とは違い、彼は貧しい家庭の出身者でした。怪我をしたということもあったのですが、目的を果たせず、彼は日本を恨んで帰国していった。そのときの彼の眼差しを、私は忘れられない」

技能実習生から特定技能へのステップアップは本当に可能か

「特定技能という新しい在留資格の新設で、外国人労働者の受け入れが拡大されるのは賛成です。ただし、もっと柔軟に外国人が工場内で働けるようにしてほしい」

こう話すのは、上場する自動車部品メーカーの人事・労務担当役員だ。この会社では三〇〇人を超える外国人が働いていて、大半は中国やベトナムなどからの技能実習生である。技能実習二号を修了すれば、特定技能一号に移行はできる。

技能実習の目的は、あくまで国際貢献だというのが建前。実習生が日本の高い技能を習得し、母国に持ち帰るための在留資格という位置づけだ。就労を目的としていないため、実習先からの転職はできないが、そのことが実習生の違法労働を助長する結果となった。技能実習における長時間労働や低賃金などの実態がしばしば表面化し、改正入管法の国会審議以前からメディアを通じて糾弾されている。二〇一七年の失踪者は七〇八九人。二〇一二年が二〇〇五人だったので、大きく増加している。

二〇一九年一月には、三菱自動車やパナソニックなどが摘発を受け、法務省と厚労省から技能実習計画の認定を取り消されている。

これに対し、就労を目的に単純労働にも門戸を開放した特定技能は四月から始まったが、「技能実習に続き、特定技能でも、職種をまたいでの外国人の就労はどうやら認められない。このことは、本人にとっても受け入れる企業にとってもマイナスが多い」と同役員は指摘する。

技能実習二号修了までの三年間で同じ職種ばかりに従事していると、「その職種でのカンとコツはつかめる反面、工場で求められるトータルでの技能を実習生は養えない」（同）と言う。特定技能一号の五年と合わせれば、八年間も同じ業務に従事することとなって、人によっては飽きてしまう。


特定技能での「電子機器組立て」を例にすると、金型のメンテナンスや機械の修理といった付帯する仕事、さらに射出成形や塗装などの周辺の職種に通じてこそ、一人前のワーカーに成長できる。なのに、外国人労働者には申請した職種の就労しか許されないため、その職種におけるスキルが伸び悩んでしまう。就労者の成長が止まってしまうことは、企業にとってもマイナスは大きい。

ちなみに、金型の磨きなどのメンテナンスや機械修理は、技人国のビザならば許されるだろう。だが、技人国では単純労働につくことが制限されてしまう。

三菱自動車などとともに摘発を受け、技能実習および特定技能の新たな受け入れが五年間できなくなったパナソニックだが、「国内のモノづくりは減っているので、大きな影響はない」と執行役員の一人は打ち明ける。

パナソニック全体の意見を集約したものではないのだろうが、グローバル企業にはこうした考えも芽生えている。

ただ、こうした〝超大手〟はともかく、規模の小さい自動車部品企業では事情は異なる。

「人手不足の中、外国人労働者なくして、国内生産は成り立ちません。生産活動が停滞した国は必ず衰退します。特定技能の活用はモノづくり再興の最後のチャンスなんです。特定技能一号の場合、在留期間が最長五年というのもネックですが、もっと弾力性をもった運用を許してほしい。

そしてもう一つ。モノづくりという点で問題なのは、R＆D（研究開発）部門での外国人の活用です。能力の高い人を採用できない上、入社してもすぐに辞めてしまう」と自動車部品企業の役員は嘆く。

「研究開発と工場は、車の両輪に当たる関係なのです。工場を持たない研究所は、成果が上がらない。工場あっての技術であり、研究なのです。

戦後、工場とR&Dが二人三脚で役立つ技術、商売になる製品を生み出してきた。一九八五年のプラザ合意以降の円高で、工場は海外に移転して行きました。

電機産業が衰退した原因は、研究所だけが日本に残ったからだと思います。

国内のモノづくりを復興するためにも、生産現場では外国人をもっと活用したいのに、硬直化した規制が残る。このままでは私たち自動車部品業界は再編の渦に飲み込まれていきます」（同）

「移民ではない」と言い続けることが移民政策の失敗を招く

日本と同じように、高齢化という人口問題に直面しているのがドイツだ。

一九五〇年代から七〇年代にかけて、当時の西ドイツは深刻な人手不足に見舞われた。そこで、イタリア、トルコなどと定住外国人労働者協定を結び、「ゲストワーカー」として受け入れを開始した。ただし、その名の通り、一時的な受け入れが前提だった。

しかし、人手不足は常態化して、移民は増えていった。にもかかわらず、ドイツ政府は「彼らは移民ではない」と従来の主張を繰り返していた。

「変化していったのはベルリンの壁崩壊後の一九九〇年代に入り、二〇〇〇年に近づいてから」と立教大学の浜崎桂子教授は指摘する。

一九九八年、連邦議会選挙によりドイツ社会民主党と緑の党による連立政権が誕生して、九九年に国籍法が改正される。

移民の子供であっても、ドイツで出生すればドイツ国籍を取得できる道が開けていったのだ。二〇〇四年には「移民法（外国人制御法）」が改正され、外国人のドイツへの滞在や就労にともなう規則が緩和される。また、「連邦移民難民庁」が設置された。

新たな移民法により、ドイツはそれまでの政策を明確に転換し「移民受け入れ国」になった。

ドイツ政府は同時に、移民の社会への融合を加速させるための「社会統合政策」を打ち出す。ドイツに一年以上在住する外国人には六〇〇時間に及ぶドイツ語講習と、三〇時間のドイツの歴史や文化についての学習を義務づけたのだ。

「特に言語教育を国が実行したのは、大きかった。それまでは、いまの日本と一緒で、地方やボランティアが取り組んでいました。移民が無料でドイツ語を学べるようになり、人により習得に差はあるにせよ、ドイツ社会への融合は進んだのです。

日本がドイツの先行事例から最も学ぶべきは、言語教育を日本に在留する外国人にしっかり施すということです。政策の姿勢について申すなら、後手後手となりながらも、移民政策をやり抜いてきた政治力こそ、日本はドイツから学ぶべきです。

帰化はしやすくなり、移民系の弁護士や会社経営者、国会議員、地方議員なども誕生していった。ドイツの総人口が約八三〇〇万人であるのに対し、ドイツ国籍を持つ人を含めると二割以上が移民の背景を持つ人で占められる。移民の規模は日本とは比較にならないほど大きい。

想定以上に移民が増えてしまい、管理が難しくなるなどの側面は確かにある。それでも、ドイツの移民政策は失敗には向かっていないと私は思います」と、浜崎教授。

少子化というかなり以前からわかっている問題に対し、正面から対応した国と、問題先送りを繰り返してきた国との違いが、いまや明確になってしまっている。

いや、政府が移民政策を否定しつづける限り、これから先、日本とドイツの差は拡大する一方だろう。

もっとも、日本でも「移民政策」を大胆に提言した動きは、実は過去にもあった。

トヨタ奥田元社長が提唱していた幻の移民政策〝奥田ビジョン〟

あれは一九九八年一月五日、午後四時を回った時刻だった。ホテルオークラ平安の間で開かれていた日本自動車工業会の賀詞交換会で、奥田碩トヨタ自動車社長（当時）は、多くの記者たちに囲まれていた。

「不法に滞在している外国人労働者が、豊田市や浜松市、太田市などの自動車部品メーカーで働いています。彼らなくして、日本の自動車産業は成り立たなくなっています。このことを、どうお考えでしょうか」と筆者は奥田氏に水を向けた。

すると、奥田氏は次のように話し始めた。

「いまは、工場現場でイリーガル（非合法）に働いている外国人労働者を、リーガル（合法）に受け入れるべきなんだ。つまり、日本は労働市場を開放すべきだ。自動車工場だって、本当は外国人を使いたい。

少子化に対応できるし、彼らに税金や年金、健康保険も払ってもらう。そうすれば、財源は確保でき、財政再建への道筋となる。

仮に、途上国の人がトヨタの工場で働いたなら、その人は帰国すれば生産技術のスペシャリストになれる。設計者やデザイナーなら（働くことを）許されて、外国人が工場で働いてはダメというのはおかしな話だ。日本だけのルールだろう」

こう話す一方、トヨタが管理職向けに成果主義として導入していた当時の年俸制にも触れて、「年俸制は（できた人とできなかった人とで）、最大七〇〇万円の年俸差が生じる設計だ。しかし、現実には翌年に年収が下がることはない。下げて効果があるとは思えないから。アメリカの会社なら（成果が出なければ）間違いなく下がるが、その前にクビになる」

やがて会がお開きとなるとき、奥田氏は何かを感じたのか「君たち、握手をしよう」と突然言い出すと、新聞や経済誌の記者、さらには筆者のようなフリーランスのジャーナリスト一人ひとりと握手を交わしたのだ。奥田氏は身長が高く手も大きかった。が、新年の席とはいえ、トヨタの経営トップがぶら下がりの記者たち（主に経済部の）と握手をすること自体、異例ではあった。

奥田氏は一九九五年に、トヨタ社長に就任する。豊田家以外から誕生した社長は実に二八年ぶりだった。

世界初のハイブリッド車「プリウス」をトップダウンで発売し、ダイハツ工業を連結子会社にするなど、大ナタを振った経営者だった。九九年に会長に就任すると、二〇〇一年に設置された経済財政諮問会議では、発足時から第三次小泉内閣（〜〇六年九月）まで、民間議員を務めた。特に小泉元首相との関係は深かった。

〇二年には経団連と日経連が統合して発足した日本経済団体連合会（日本経団連）の初代会長に就任。〇三年一月一日に発表した「奥田ビジョン」には、「多様性を受け入れ外国人も日本で活躍できる環境整備」という文言が盛り込まれた。これは、現在の「外国人労働者受け入れ拡大」にもつながる内容だった。

当時日本経団連において、奥田ビジョンのとりまとめを担当した井上洋ダイバーシティ参与は、産経新聞社発行の二〇一八年一二月二一日付け「フジサンケイビジネスアイ」のコラム「高論卓説」において、奥田ビジョンを次のように評している。

「具体的には、高度人材だけでなく、製造などの現場で働く外国人を、より透明で安定した制度の下で受け入れる本格的なシステムを設計せよということだ。しかし、奥田ビジョンの提案に霞が関、永田町の反応は芳しくなかった」

二〇二五年度の日本の姿を念頭においた奥田ビジョンは、〇三年一月に発表された。この五年も前に、ぶら下がりの記者たちに基本となる考え方を語っていたのである。

それにしても、奥田ビジョンが実現の方向に動いていたなら。いまの日本の原風景は、変わっていたのかも知れない。

人口減少と高齢化、地方の衰退、そしていまは多くの産業が人手不足に見舞われている。

我が国では、在留外国人は急増しているものの（特に働く外国人は増えている）、総人口に占める割合は約二・〇九％でしかない。移民を受け入れてきたドイツは総人口が約八二八九万人に対し、在留外国人は約九八九万人（一八年・ドイツ連邦統計局）で約一一・九％と二桁にある。さらにドイツに帰化した人やその子孫などのドイツ人を加えると、全人口の約二三％に達している。

二〇一九年四月に始まった外国人労働者の受け入れ拡大は、「遅すぎるくらいだ」という意見が、経済界で相次いで聞かれる。一九八〇年代後半のバブル期から、人口が減っていくことはわかりきっていたのだから。

本当は、二〇一九年の一六年も前に、現状を変えるチャンスはあったのだ。

《移民活用の鉄則》

●高学歴外国人は在留資格の獲得が容易。富裕な階級出身者が多く、労働態度も期待できる。

●「抜け道を活用」「人権を無視した労働環境」は摘発の対象であり、絶対にやってはならない。万一摘発された場合、ビジネス全体に甚大なダメージを受ける。

●生まれ育った環境を離れた移民の勤務態度は真面目。ただ、サービス要員としては生活習慣や文化の違いが課題。受け入れ企業での教育体制が勝敗を分かつ。

●製造業では九〇年代から移民待望論があり、今後受け入れが急ピッチで進むと思われる。関連企業にとってはビジネスチャンス。

第3章

移民政策は日本をどう変えるのか

シリコンバレーでは多様な人種の起業家が交流し、起業家精神をはぐくんでいる

アメリカ経済復活の立役者は移民だった

経営コンサルタントの大澤智氏は、「日本はこれから、アメリカと同じ道を辿るのではないでしょうか。すなわち、日本国内の工場から、いずれ日本人が消えていくでしょう」と予測する。

大澤氏は一九八〇年代の前半に、世界最大の半導体製造装置メーカーである米アプライドマテリアルズの日本法人に入社。アプライドの製造装置を購入した半導体メーカーの工場に入り、搬入・据付・調整や点検・修理担当の現場エンジニアからキャリアをスタート。製造装置担当マーケティングを経て、シリコンバレーのハイテク企業が競い合いながら構築していったプロダクトマネージメントのプロとして、開発・市場導入・事業化を担う。日本国内だけでなく、世界中を飛び回り二〇〇〇年代には日本法人の執行役員を務めた。

八〇年代の半ば、シリコンバレーの工場から送られてくる製造装置を、東芝や日立など日本の半導体工場に設置しようとすると、ポテトチップスの破片が梱包や装置の隙間に紛れていることがよくあったそうだ。

「工場で働いていた、いわゆる〝プアー・ホワイト（貧しい白人）〟の食べ残しでした。白人は（工場に）半数ほどいて、彼らは食べながら作業をしていたのです」と大澤氏。

ところが、九〇年代に入ると、梱包を開いても菓子はもちろん、異物が落ちていることはなくなる。

最初は「どうしてだろう」と思っていた大澤氏だが、カリフォルニア州サンタクララにある本社工場を定期的に訪れているうち、ある変化に気付く。

「八〇年代半ばには、工場で普通に働いていた白人が、いなくなっていた。つまり、製造現場から、プアー・ホワイトが消えたのです。白人に代わって、ヒスパニック系やアジア系をはじめとする移民が生産現場で働くようになりました。移民たちは、プアー・ホワイトよりもやる気があって能力も高い。いや、正確には移民のなかでも優秀な部類の人たちが、ハイテク工場で働きだしたのです。変化はたった五、六年の間に起きました。

白人から移民にワーカーが代わる現象は、半導体メーカーのインテルをはじめ、先端のモノづくり企業で軒並み起きていました」（大澤氏）。

八〇年代半ばから九〇年代半ばにかけて、半導体は集積度が上がり進化していく。代表的なＤＲＡＭ（ダイナミック・ランダム・アクセス・メモリー）の場合は、六四ｋから、二五六ｋ、一ＭＢ（メガバイト、約一〇〇〇キロバイト）といった形で容量が短期間の間に飛躍的に増加した。

半導体製造には、微細加工への対応が求められていった。半導体製品の進化にともない、半導体製造装置の製造現場も進化していく。塵《ちり》や埃《ほこり》を排除したクリーンルームを備えた新工場が建設され、現場の作業内容も高度化していく。

半導体が次世代型へと世代交代する度、優秀なタイプの移民は生産現場で増えていった。作業中にスナック菓子をつまみ食いするような人は、仕事のレベルについていけなくなったのだ。

「プアー・ホワイトは雇用を失いました。すると、都市が崩壊していきました。拡差が広がり、リッチ・ホワイト（富裕な白人）は郊外に大きな家を建てて移住。この結果、街の中心部は激しく荒廃していきました。シリコンバレーの中心であるサンノゼの中心部、ダウンタウンは衰退し危険極まりない場所に変貌します。ロサンゼルス暴動が発生した一九九二年頃の話です」

全焼した韓国人系の商店街。1992年のロス暴動ではコリアタウンの韓国系住民が最大の被害を受けた

移民は日本人の職を奪うのか

一方、インテルやアプライド、ヒューレッドパッカード（ＨＰ）に代表されるハイテクの工場で安定した職（ジョブ）を得た移民たち。彼らはやがて結婚し、蓄財し、子供たちに高度な教育を受ける機会を与える。

「ＵＣＬＡバークレー校やスタンフォードなど、世界トップクラスの大学や、人によっては大学院に進む者が移民にあらわれます。卒業すると、シリコンバレーで職に就く。ＡＩ（人工知能）をはじめ最先端分野を牽引していきます」と大澤氏は解説する。

なかにはベンチャーとして起業し、やがてＩＰＯ（株式公開）により巨万の富を手にする人もいる。これからも増えるだろう。

アメリカで企業に就職する場合、日本の労働基準法に当たる公正労働基準法（ＦＬＳＡ）から除外される「ィグゼンプト（ｅｘｅｍｐｔ）」で入社する。残業時間に制限はなく、一日に一六時間でも働く。なのに、残業代はつかない。

「アメリカ企業の基本は〝ペイ・フォー・ジョブ〟すなわち職務給です」と大澤氏は説明

する。

エグゼクティブの職位であるディレクターまで出世すれば、若くして高額な報酬を手にできるし、シニアディレクターやバイスプレジデント（ＶＰ）といった〝ジョブグレード〟のさらに高い職位への出世も可能になる。もちろん、成果を上げられればの話だが。

こうして、一握りかも知れないが、できる移民層は世代を引き継いで、やがて地域や国の経済をも牽引していく。

逆に、八〇年代後半から九〇年代中盤にかけ移民にハイテク工場の職を奪われたプアー・ホワイトは、低い時給の仕事に甘んじることになる。彼らはリーマン・ショックを経て、「アメリカ・ファースト」を訴える大統領候補、共和党のドナルド・トランプ氏を支持し、彼の大統領就任に貢献することになる。


酒巻久キヤノン電子社長も「日本でも、同じ現象は起こるでしょう」と指摘する。もちろん、特定技能一号から二号への転換が容易になり、在留期間に制限なく働き続けられることが、前提ではあるが。

ちなみに、酒巻氏はアメリカやドイツなど海外での勤務経験が豊富だ。アップルを創業したスティーブ・ジョブズ氏（故人）とも、八九年から九〇年代にかけてネクスト社（カリフォルニア州レッドウッドシティ）を一緒に経営した（一時アップルを追われたジョブズ氏はネクスト社を設立。キヤノンが同社に出資したため、酒巻氏は最終的に上席副社長を務めた）。

アメリカがこれまでたどった道と同様に、〝プアー・ジャパニーズ〟は、実質的な移民に仕事を奪われていくのだろうか。移民のなかでも、優秀な部類の人たちに。

これにより、企業は生産性を向上させ、競争力を高めていく。

ただ、社会の安定には、日本人の雇用安定が欠かせない。そのために必要な条件とは、「国の経済が成長を続けていること」（酒巻氏）であるのは間違いない。多少の波風はあっても、最低限の雇用が確保されて毎月の給料を得られるなら、暴動は発生しないはずだ。胃袋が満たされれば、人は無茶をしない。

現実に、日本企業では従業員のレイオフ（一時解雇）はできない。工場を例にすれば、優秀な移民が入って来ると、移民が最終検査といった重要な工程を担い、パフォーマンスを発揮できない（あるいは発揮しようとしない）プアー・ジャパニーズは、それほど重要ではない工程、または生産ライン以外の敷地を管理する仕事などに配置転換になっていくだろう。あるいは、工程のリーダーをできる移民が担い、プアー・ジャパニーズはフォロアーのままということもあるだろう。

いまこの本を読んでいる皆さんがおそらく働いているホワイトカラーの職場には、学歴も気位も高いのに働かない（働こうとしない）人がきっといるだろう。この手の人たちが、できる外国人ホワイトカラーに取って代わられるという構図が、アメリカ・シリコンバレーで起こった事例から容易に想像される。ただし、そうやって移民に追いだされた日本人にも、バックヤードの仕事がきっと用意されるだろう。それが日本的な雇用慣行の特徴である。

何より、日本人の人口は減り続けていく。外国人に単純労働を開放するほど、人手不足の深刻さは日々増している。リーマン・ショックのような経済環境が暗転する事態は、必ず発生する。それでも、パフォーマンスを発揮できない（あるいは、発揮しようとしない）プアー・ジャパニーズがリストラされる可能性は、アメリカに比べればきっと少ないはずだ。

バブル崩壊後の〝失われた時代〟に、自動車や電機、流通などの多くの企業でリストラが断行された。それでも「会社はリストラをやるべきではなかった。人心が会社から離れてしまったからだ。私は絶対にやらない」（役員になる前にリストラの様を見た、自動車メーカーの社長経験者）という反省は、多くの日本企業に見られる。

移民により競争力を強化できない企業は滅びる

シリコンバレーの名物経営者として知られた、アプライドのジェームズ・C・モーガン会長兼CEO（当時）は、八〇年代から社内でこう訴えていた。

「Japanese are Coming（日本企業はアメリカ本土にやってきている＝だから競争力をつけなければならない）」と。

カラーテレビや家庭用VTRの分野では、日米貿易摩擦を乗り越えて、ソニーやパナソニックが八〇年代には米市場を席巻してしまう。日本製自動車もアメリカ市場で販売を伸ばしていて、日米自動車摩擦は九〇年代まで拡大することになる。

このため、ホンダがオハイオ州メアリスビルで自動車の現地生産を八二年に開始したのを皮切りに、トヨタや三菱自動車工業など自動車各社によるアメリカへの工場進出は相次いだ。

半導体製造装置では、ステッパー（縮小投影露光装置）分野で、キヤノンとニコンとが高いシェアをもっていた。強い日本企業は、アメリカの製造業にとって、最大の脅威だった。

九〇年代に入ると、移民政策をとっていなかった日本では、日本企業のアジアへの進出、生産移転が相次いでいく。最大の理由は、一九八五年のプラザ合意によって始まった円高が進行したためである。九四年六月には史上初めて、一ドル一〇〇円を突破。九五年四月一九日、七九円七五銭と一ドルが八〇円割れを記録した。

黒モノ家電の代表であるカラーテレビでこの頃、日本はついに輸出国から輸入国へと変わった。

「円高で世界で最も賃金が高くなった日本人労働者は、もうそれほど必要ではない。工場は海外に移転して、産業は空洞化していく」

こう指摘されたが、案の定、九〇年代後半から日本の企業社会は、リストラの時代を迎えていった。

すでに八〇年代から電機や自動車、自動車部品などの産業は、主にアジアに進出し、生産を拡大させていった。これには、円高要因だけではなく日米貿易摩擦の回避という要素もあった（例えば「このカラーテレビは日本からアメリカへの輸出ではなく、インドネシアからアメリカへの輸出です」と言い逃れた）。

日本企業による直接投資の増大により、日本とアジア諸国との、経済面の相互依存関係は強固になっていく。牛産が軌道に乗ったことで、信頼関係も同様に強くなっていった。

この点ではアメリカ企業に対する南米諸国、ヨーロッパ企業に対するアフリカ諸国との関係とは一線を画す。日本企業はアジアへの直接投資が成功した事例である。

こうした背景を受けての、今回の特定技能のスタートである。対象国である九カ国がすべて含まれているわけではないものの、タイやインドネシアをはじめ、親日国は多い。このメリットは外国人の受け入れ拡大政策において、できる限り生かしていきたい。

アメリカで優秀な部類の移民が、アプライドやインテルの工場で従業員構成比を伸ばし、プアー・ホワイトが職を失っていた九〇年代の初め。よく言われたのは次の言葉だった。

「企業は繁栄するが、失業率は増える」

半導体関連でみると、MPU（マイクロプロセッサー）で覇権を握るインテルは、その後も繁栄を極めていく。アプライドにしても、半導体製造装置における世界一位の地位は現在まで維持し続けている（キヤノンなどが得意なステッパーは除く）。

その一方で、ナショナルセミコンダクターやフェアチャイルドなどは、やがて統合されてステージから姿を消し、九〇年代初頭にはＮＥＣや日立、東芝などの日本メーカーに押されていった。

経営トップの判断もさることながら、優秀な部類の移民を数多く生産部門に受け入れて、現場力を高めた企業は競争力を高められた。そして、生き残った。

日本経済が負け続けているのは移民を回避していたから？

アメリカの半導体産業に脅威を与えた日本企業だったが、九〇年代半ばともなると今度は韓国企業から追い上げを受けていく。その代表である半導体大手のサムスン電子は、一九九七年のアジア通貨危機に直面し倒産寸前まで追い込まれた。が、韓国政府から公的資金が注入された一方で、全社的な構造改革を断行。逆に、グローバル市場で成長していく。

特に、「日本企業をモデルにすれば、自分たちも日本企業と同じように成長できる」という考え（幻想）を、通貨危機による構造改革を通して捨てられたことが、その後の成長をもたらした、といえよう。東芝やパナソニックの真似をするのではなく、自分たちで考えられるようになったのだ。

半導体で得た利益は、二〇〇〇年代に入るとＬＣＤ（液晶ディスプレイ）や携帯電話に投入される。グループ会社のサムスンＳＤＩは、携帯電話やノートＰＣ、電気自動車などに搭載されるリチウムイオン電池の大手へと成長していった。

繰り返しになるが、奥田ビジョンが発表されたのは二〇〇三年一月。ビジョンに沿って、外国人労働者の受け入れ拡大を、もし実行していたなら、まったく異なる展開になっていただろう。

自国以外での就労を希望する外国人にとって、当時の日本はいまよりもずっと〝魅力のある国〟だったはずだ。

モノづくり企業として捉えるなら、シャープは日本企業として存在していたし、三洋電機もまだあった。東芝も〝不正会計〟に手を染める前だった。日産自動車は未曾有の経営危機を脱し、カリスマのフランス人経営者による支配が強くなっていたとはいえ、ジャパン・ブランドはいまよりもずっと世界の中で輝いていたのだから。「有名な日本企業の工場で、高い技能と働き方を身につけたい……」。日本は、移民の中でも優秀な人たちにとっての、〝垂涎《すいぜん》の的《まと》〟となっていたはず。

ＤＲＡＭ、液晶パネル、有機ＥＬ、フラッシュメモリー、リチウムイオン電池……。これらはみな、かつて日本が世界のトップを走っていた先端分野である。とりわけ、リチウムイオン電池、フラッシュメモリー、有機ＥＬは日本が開発した技術だ。

リチウムイオン電池は八〇年代半ばに旭化成が基礎開発し、九一年にソニーが世界で初めて量産を開始した。フラッシュメモリーも八〇年代に東芝が開発する。有機ＥＬは二〇〇七年一月、ラスベガスで開催のＣＥＳ（コンシューマー・エレクトロニクス・ショー）において、ソニーが史上初めて製品を公開した。

なのに、開発技術をはじめ先端分野が、みな韓国や中国に追い抜かれてしまっている。先端技術の象徴でもある電気自動車（ＥＶ）にしても、日産や三菱自動車が世界で初めて量産にこぎ着けたのに、直近の台数ベースでは中国企業に敵わない。

負けた原因はいくつもある。

「日本企業の経営者は、兆円単位の投資が必要になったときに、大きな決断ができなかった。この点、韓国の財閥企業は決断できた。日本企業はサラリーマン経営者が多くなっていたのに対し、韓国財閥は同族企業。胆力が違った」

「中国は政策的に自国の先端産業を育成している。例えばＥＶ。日産が二〇一五年、日本製電池搭載のＥＶを外資として初めて発売したところ、中国製電池を搭載したＥＶでないと補助金を出さないようにしてしまった。お陰で日産のＥＶはまったく売れなくなった。

やり方は狡《ずる》いが、中国の会社と技術は伸びる」

「韓国や中国の会社を、日本企業はずっと上から目線で見てきた」

「日本企業は、大きな開発をするなど本当に成果を上げた人を、評価しようとしない」

「重要な局面で、能力のない経営者が指揮を執っていた」

「サラリーマン社長は、自分より能力の劣る後継者を指名する傾向が強い。このため、日本企業ではトップ交代の度に社長が劣化していく」……。


さらに、旧三洋やソニーなどでリストラに遭った日本人技術者が、サムスン電子やLGなど韓国企業に転職して、技術を伝えたことも大きかった。九〇年代から二〇〇〇年代、日本人技術者が韓国産業の技術レベルを押し上げたのだ。

半導体や液晶、リチウムイオン電池など装置産業では、「投資合戦の土俵になったら、日本は韓国や中国に負ける」という指摘もある。ただ、経済における〝勝利の方程式〟はそれほど単純ではない。インテルがそうであるように、投資競争が激化しても、別の要素を武器に生き残る会社は必ずある。

これから自動車のEV化が進む中で、コア技術はリチウムイオン電池だ。ガソリン車においてはガソリンエンジンが技術的・産業的に最も重要なパーツだが、EVで同様の重要性を持っているのはモーターではない。電池だ。

日産は、旧ゴーン体制のもと、二〇一八年にNECと合弁で持っていた電池事業を、中国企業に売却してしまった。これからのEVの進化を考え合わせれば、本当は売るべきではなかった。CASE（ケース。Cは接続、Aは自動運転、Sはカーシェアリングなどの共有、Eは電動化）においても、電池技術は基盤になる。

話がそれてしまったが、これから日本企業が復活できるかどうかの最大の鍵は、新しい産業のコア技術を握れるかどうかにある。だから企業は優秀なエンジニアなら国籍を問わず喉から手がでるほど欲しい。現場を支える優秀な移民と同時に、最先端の研究開発を担える優秀な外国人エンジニアを、日本企業は必要としている。

なお、アプライドは、二〇一三年に東京エレクトロンと経営統合することで一度は合意した。かつては脅威と見なしていた日本企業と一緒になって競争力をつけるという、生き残り策を目指したのだ。ところが、アメリカ司法省から独占禁止法に抵触すると指摘を受け、解決のメドを見いだせないまま、一五年四月に大型再編計画は流れてしまった。

「高度人材」はなぜ日本にやって来ないのか

前述したとおり、外国の高度人材は日本に集まらない。野球に例えるなら、球速一六〇キロメートルのストレートを放れる天才投手は、日本プロ野球には来ない。

特定技能の導入にともない、政府は高度人材ポイント制の加点対象となる大学を二〇一九年に拡大した。これまでは、東大や京大といった旧帝国大学をはじめとする一一校、および私立の早稲田と慶応を合わせた一三校だった。これが一気に一〇〇校以上に拡大したのだ。熊本大や岡山大といった地方の大学、国際化の取り組みに文部科学省が補助金を出す「スーパーグローバル大学」の指定校である上智大や明大、関西学院大などが新たに入った。

「高度人材」を増やし、できれば地方で活躍してもらおうという狙いがある。

それにしても、どうして高度人材は、日本企業を避けるのか。一方、シリコンバレーでは、ハイテク製造業の間で、同じ時期に同じタイミングで優秀な移民を導入し、それによってプアー・ホワイトが消えていったのだが、それはなぜか。

アメリカ企業の人事システムの構造から探ってみよう。人事体系は、エグゼクティブはもとより、現業部門に働く移民にも関係する。

では、まずは移民が多く働く現業部門から。

九〇年代に入り、シリコンバレーの工場からプアー・ホワイトが一斉に消えた理由について、大澤氏は「アメリカ企業は、職務給なのです。半導体装置メーカーのアプライド、半導体メーカーのインテル、そして半導体を使い製品をつくるHPとも、職務給システムの構成はとても似ていて、殆ど一緒といえるほどです」と指摘する。

職務給は、職種別の階級（ジョブグレード）で報酬が決まる。

「ジョブグレード一八に該当するアッセンブリーテクニシャン（組み立て工程の作業員）ならば、時給はいくらなのか、地域内でわかっているのです。アプライドで機械作業をしている、インテルでウエハーを洗浄している、あるいはHPで製品組み立てに従事している、と仕事内容に違いがあっても、ジョブグレードが同じなら時給は一緒なのです。ワーキングクラスの職務給体系は、この頃には出来上がっていました」

標準的なモデルとして、ジョブグレードは一番下の一から最上位の九九まであり、「シリコンバレーのハイテク工場の場合、ジョブグレードはおおむね一五から始まっていた。

一四以下はなかった」と大澤氏。

一五から二九までが、工場の仕事であり、賃金は時間給で支払われる。グレードが上がるほど時給は上がる。もちろん、残業代もつく。同じジョブグレードの仕事は、工場の中にいくつもある。また、秘書や購買・物流などのスタッフの業務もここに入る。

組合がある場合は、ジョブグレード二九までが組合員だ。三〇以上は、日本企業でいう〝非組（ひくみ＝非組合員）〟となる。

会社によっても違うが、三〇から三九までは、高い職務に就くホワイトカラー職だ。営業や技術部門のプレーヤーでありマネージャーである。日本企業のような一括採用ではない。募集に応じ、例えば大学の学部卒ならジョブグレード三五で入社するし、修士号をもっていれば三六で、工学の博士号とＭＢＡをもっていれば、さらに上位の職から入社時のキャリアがスタートする。もちろんエグゼンプトとして、である。

米本社でも働いた大澤氏は「ハイテク企業の製品担当マーケティングは理系の仕事で、役職名はマーケティングエンジニア。この職務の時の同僚は、応用物理学修士の元ＧＥ（ゼネラル・エレクトリック）と原子工学修士の元ＡＴ＆Ｔのふたり。翌年加わった新人は、何とパデュー大の材料科学の修士と博士とシカゴ大のＭＢＡを持つ、超〝新卒〟でした」と話す。

このほかに、研究開発では「メンバー・オブ・テクニカルスタッフ」などと呼ばれる専門職がある。部下や予算を管理することはなく、専門的な開発プロジェクトに従事する。専門職であっても、例えば技術営業のマネージャーであっても、同じジョブレベルならば基本的な報酬は同じである（成果給の部分は別として）。

ジョブレベル四〇以上は、エグゼクティブである。会社の人員構成比は三％程度、一万人の会社なら上位三〇〇人が属する。上位にいくほど、報酬に占める成果給の割合は大きくなる。成果を上げれば、一流のプロスポーツ選手を超える報酬を受ける一方、成果を上げられなければ、容赦なく「ファイアー（クビ）」となる。

エグゼクティブの報酬や登用、人事評価の仕組みについては、拙著『人事と出世の方程式』（日本経済新聞出版社）に詳しく書いた。

同書には、大澤氏の上司で、アプライドでグローバルな人事システムをつくった石井静太郎氏が登場する。

アプライドでは石井氏が中心となり、上位三％人がそれぞれ就いている職について、そのサイズが計測された。測定基準は、関わっている職務のスコープ（範囲）、決定の影響度、管理している予算規模など、一〇〇以上に及ぶ。

会社によって呼称やレベリングに違いはあるが、ジョブレベル四〇はディレクター、五〇はシニアディレクター、六〇はマネージングディレクター、七〇はアポインテッドバイスプレジデント（ＶＰ）、八〇はコーポレートＶＰ、九〇はグループＶＰ、その上にシニアＶＰ、さらに最上位に社長（プレジデント）とＣＥＯ（最高経営責任者）という体系だ。技術本部長と東京支社長、タイ工場長とが、計測によってジョブレベル七〇のアポインテッドＶＰと判定されたならば、報酬の基本給は同じになる。

アプライドの場合、石井氏が一九九六年から九八年にかけて、「職と報酬のグローバル体系」として原型をつくった。どこで働こうと何をしていようと、国籍、性別、年齢など関係なしに、平等という考え方である。

石井氏は日本法人の副社長から、米本社の人事部門の統括責任者にグループＶＰで抜擢された。グローバルな人事体系を作ったことが評価され、石井氏は上位二〇人に入るグループＶＰに出世する。グループＶＰの報酬は、大リーグでオールスターに出場する選手をも超えるそうだ。

また、この人事体系ができたことで、それまではアメリカ人ばかりだったグループＶＰ以上のメンバーに、イスラエル人、ドイツ人、フランス人、韓国人、台湾人、そして日本人などが加わり多士済々となる。なお、石井氏は〇四年にグループＶＰで退職した。

日本企業ではキヤノンが二〇〇一年から始めた人事制度で、六五〇〇もの職を分析して仕事の大きさ（ジョブバリュー）を計測した。大きさに応じて九つの等級に当てはめ、職務給に近いシステムをつくり上げる。アメリカでの勤務経験が豊富な、キャノン電子社長の酒巻氏が与えた影響は大きかった。

それはともかく、アメリカ企業の場合はレベリング、ジョブサイズを頻繁に変更させるケースは多い。

何より、人事権は部門長が持つ点は、日本企業とは大きく異なる。

部門長の判断により、高度人材に高いジョブレベルを用意して（もちろん高い報酬をもって）、入社させることにアメリカ企業が柔軟に対応できるのは、こうした構造がある。

ＡＩに精通する技術者などは、業界をまたいで、世界的な争奪戦が繰り広げられている。スカウティングにおいて、迅速なジャッジが求められているが、日本企業の対応スピードは鈍い。

日本企業の場合、執行役員までの社員の人事権は、採用にはじまり、異動、評価、昇進昇格と、すべて人事部が取り仕切る。

例えばだが、三五歳の高い能力を持つ外国人のＩＴ技術者を、どうしても採用したいと日本企業の部門長が考えたとする。在留資格の面でも、学歴や実績によって問題がないと仮定する。

しかし、「年間で基本給が一〇〇〇万円、成果給が最大五〇〇万円＋通勤用に新車一台」というような条件をライバルの外資企業が出した場合、日本企業には太刀打ちできない。部門長が人事部長にかけあったところで、「前例がない」と突っぱねられ、この条件は提示できないだろう。

最近は、シリコンバレーからハイパフォーマンスプレイヤーを〝一本釣り〟でスカウトする日本企業もある。しかし、あくまで特例であり、実行は限定的である。スカウトされた人のパフォーマンスにもよるが、経営トップが代わり、予算がなくなれば、継続できるかどうかさえわからない。

そもそも日本企業では、「人本位」の職能資格制度が基本としてあり、四月一括採用のもと、年次管理により運営される。この人事制度が、年功序列と長期雇用（終身雇用）を支えてきた。この仕組みは、特に団塊世代のような大量採用の世代を、横並びに管理するのには向いていた。「職本位」ではないため、どんな部署にいようとも、部下がいてもいなくとも、入社年次を基点とする資格で、処遇されていくからだ。

資格が一緒なら、報酬は一緒だった。大抵は三〇代の半ばぐらいまで、報酬に差がつかないシステムだ。中途入社する人の場合は、年齢や他社での実績から、適当とみられる資格に組み込んでいく。

ちなみに、キリンビールや富士通、ホンダなどが九〇年代から始めた成果主義型賃金制（年俸制と呼ばれた）は、主に管理職を対象に、主事や参事といった資格のなかに、成果給のバンド（範囲）を組み込んだ。MBO（目標管理）により、一年間の目標に対する達成度で成果を評価する。大手企業では導入されてきてはいるが、上司による評価はいまでも難しい面はある。

大澤氏は「日本企業が職能資格制度を運用している間は、一六〇キロを投げられるピッチャーをとることはできません。先端分野の技術者は、まずはアメリカ企業、次に中国企業への就職、あるいは転職を試みるでしょう。その後、いずれ彼らが起業することは、予想の範囲ですが」と指摘する。

GAFAを創業したのは移民系だった

GAFA（ガーファ）は、グーグル、アップル、フェイスブック、アマゾンを指す造語だ。「アップルと他の三社を一緒にするのはおかしい」という指摘もあるくらい、四社の得意分野は実のところ異なっているのだが、いずれも先端デジタル技術によって飛躍的に成長した企業である。四社の売上高の合計はこの一〇年で七倍にも成長し、いまや世界経済のけん引役であり、革新的な製品・サービスにより、人々の暮らしを変え続けている。

そんな四社の創業者たちは、実はみな移民系である。

グーグルの創業者セルゲイ・ブリン氏はロシア系移民一世であり、アップルのジョブズ氏はシリア系移民二世として知られている。フェイスブックの創設者の一人エドゥアルド・サベリン氏はブラジル系移民一世、アマゾンのジェフ・ベゾス氏はキューバ系移民二世だ。イギリス系、フランス系、ドイツ系、オランダ系のエスタブリッシュメント階級出身のアメリカ人ではない。また、特別に裕福な家庭の出身でもない。

移民たちは社会の底辺に放り込まれ、そこから這い上がろうと必死に努力を重ねる。ゆえに彼らは、最終的に人生における成功者となることが多々ある。

日本でも、特定技能資格の開始により、やってくる移民が勤勉に働き、納税し、蓄財し、子供に高い教育を施すようになるだろう（日本の高校や大学だけではなく、海外に留学する移民の子もいるはずだ）。そうした中から、やがて日本を代表する企業を創業するような人材、いわば日本版ジョブズが登場する可能性は大いにある。

現状は中韓に押されてはいるものの、リチウムイオン電池をはじめ先端分野は日本が開発した。しかも、純国産の技術によってである。日本がもつ高い技術力というベースに、移民二世、三世という異才が加わるなら、技術立国の再興も夢ではない。

そのような未来を描くためには、日本企業の人事制度改革が必須で急務だろう。売上高や営業利益など、規模を大きくするだけではなく、世界のトップクラスの高度人材が働けるような賃金体系など、企業の構造改革が必要だ。日本版ジョブズ予備軍が育ったとしても、日本企業の構造に変化がなければ、いずれ海外企業に行ってしまうだろう。

リチウムイオン電池の合弁会社を売却してしまった日産の場合を見てみよう。

二〇一八年秋に発売した中国市場向けEVには、世界最大の車載用リチウムイオン電池メーカーCATL（寧徳時代新能源科技股・福建省）製が搭載されている。CATLは二〇一一年に創業と歴史は浅いが、一八年にはパナソニックを抜き去って瞬く間に世界ナンバーワンに上り詰めた。

日産の中国・広州市にいるEV事業の幹部は次のように話す。

「CATLの幹部たちの多くは、欧米の大学や大学院を出ている。中国企業ではあるが、体質や中身はシリコンバレーのハイテク企業と同じ」

外国人ハイパフォーマーはすでに国境線を超えてグローバルに移動し、条件の良い企業を選んで就職する。だから、彼らが働きやすい環境を整え、できるだけ多くのハイパフォーマーを雇用することが、企業業績に直結する状況が生まれている。

いずれにせよ、外国人労働者の受け入れ拡大は、目先の人手不足解消だけが焦点ではない。移民としてやってくる人々の人生やキャリアを考えれば、企業経営者側も、三〇年後、四〇年後を見据えて導入の是非を考えるべきだ。

そのためには、まず政府が「移民政策の解禁」を認め、政策の方向性と目的を明確に規定し、国民に周知徹底しなければならない。

「日本の中のブラジル」に移民との付き合い方を学ぶ

これから、事実上の移民が我が国に入ってくる。果たして日本は、アメリカと同じような経過をたどるのか、それとも別の方向に進むのか。

移民受け入れの「先行事例」として、最も参考になりそうなのが、バブル崩壊直前の一九九〇年六月に施行された改正入管法により、南米日系人労働者の移住が進んだ群馬県東部の「太田・大泉」地域だ。

まずは太田・大泉の現場から、日本の将来像を探ってみる。なお、入管法（正確には「出入国管理及び難民認定法」）制定は一九五一年であり、南米日系人労働者の受け入れは、約四〇年ぶりの大幅な改正だった。

東京・浅草から東武伊勢崎線の通勤電車仕様の車両に乗り込み、揺られること約一時間四〇分。真夏の〝暑さ〟で知られた館林に到着する。ここで東武小泉線の短い車両に乗り換え、田んぼが広がるなかをコトコトと揺られながら走ること二〇分弱。

たどり着いたのは終着駅である西小泉駅だ。群馬県邑楽郡大泉町の中心地であり、周囲のレストランや店舗の看板にはブラジル国旗の鮮やかな緑・青・黄が映える。

瀟洒《しょうしゃ》な箱形の駅舎を後にして、駅前広場を抜けると、街のメインストリートが形成されている県道と交差する。この日は、午後の到着だったが、少しだけ立ち止まって街の空気を吸い、様子をうかがう。

すると、一目で南米人とわかる人たちが、行き交っていく。小さな子供の手を引く若い主婦、買い物にでも向かうのかポルトガル語（スペイン語かもしれないが）で談笑する女性の一団（一人は自転車を転がしていた）……。一方、ウィークデーの午後だったせい

クルマで熊谷方面から利根川を渡り、二つ目の信号を斜めに右折する。大泉町の入り口に当たる県道沿いにある看板は、日本語、ポルトガル語、英語が使われている

か、あるいは偶然なのか、日本人は高齢者の姿が多く目についた。

　交差点の信号は赤。外国人も日本人も立ち止まる。交通ルールを守り、青信号になってから、みんなできちんと横断していく。日本中に見られる、ごく普通の光景だ。言うまでもなく、自らの判断で、勝手に往来を走って渡る海外の光景とは違う。だが、それ以外の細部において、大泉町は明らかに〝異国〟でもあった。

　交差点を渡り終えた角には八百屋があった。何気なく店頭に積まれた野菜の値札を見ると、キャベツやブロッコリーなど野菜の名前が書かれている。値段は円で表示されているが、野菜の名前は日本語のほか、ポルトガル語でも書かれていた。

「ここは本当に日本なのか」と自問自答しながら、駅舎から線路の延長線上にまっすぐに伸びる道を歩いて進む。

五分もかからず、右手にパナソニックの巨大な工場が見えるところまで行き着く。東京ドーム一九個分、九六万平方メートルという広大な敷地面積を誇るこの工場は、電機メーカーの工場として、おそらく日本最大級のものだ。

それもそのはず、実はこの巨大工場は、一九四五年八月の終戦まで日本最大の航空機メーカーだった中島飛行機の主力工場（小泉製作所）として稼働していた。中島は、零戦や隼といった戦闘機や爆撃機などを製造。大泉町の西側に隣接する太田市の中心部には本社工場があり、さらに、太田と大泉の間には「太田飛行場」をもっていた。

この主力二工場のほか、前橋や宇都宮にあった分工場を合わせると、戦争末期には最終組立の部門だけで約一四・五万人が働いていたという記録もある。

軍事国家日本を支えた軍需産業の一大集積地が、太田・大泉地域だったのだ。

終戦と同時に、工場や飛行場はＧＨＱ（連合軍総司令部）が接収し、米軍基地となる。朝鮮戦争を経て、施設の返還が進み、太田の本社工場は自動車会社のＳＵＢＡＲＵ（当時は富士重工業）の本工場となる。そして、小泉製作所の跡地には、一九五九年に東京三洋電機が創設される。

大泉町は人口の約2割が外国人で、その半分以上はブラジル人。ブラジル人向けのショップは多い

大阪府守口市に本社があった旧三洋電機は、当時は労働組合運動が全盛で従業員の賃金上昇が急だった。このため、組合とは一線を画した別会社を設立することを、三洋経営陣は決断したのだ。その上で、安価な労働力を関東や東北から確保していった。

二〇一七年度上半期のＮＨＫ朝の連続ドラマ「ひよっこ」をご覧になっていた読者もいるだろう。有村架純さんが演じたヒロインの「谷田部みね子」は団塊世代だった。東京オリンピック翌年、故郷である架空の北茨城村から集団就職で上京し、東京のトランジスタラジオ工場に働くというストーリーだった。

みね子のような、地方出身で賃金の安

く、それでいて質の高い労働力を、三洋の新会社は集めていたのである。群馬にあるのに、社名にあえて「東京」と冠して。

近い将来に日本中が移民への対応を迫られる

パナソニックとなった巨大工場の東側に、ほぼ隣接して大泉町役場はある。取材を受けてくれた大泉町企画部多文化協働課の笠松弘美課長は、「(外国人受け入れ拡大により)日本中が、この先は大泉になるかもしれません」と話す。町はこの約二九年間、南米日系人との「多文化共生」と格闘してきた。今回の入管法改正によって、その「大泉の経験」とまったく同じ状況に、日本中の自治体がこれから直面すると考えるからだ。

群馬県邑楽郡大泉町の人口は四万一八一五人。このうち外国人は七五八九人であり、総人口に占める構成比は一八・一五%に上る。日本全体が二・〇九%なので、大泉町の外国人比率の高さは圧倒的である。

外国人の内、ブラジル人が四二九七人（前年同月より四九人増）と五六・六％の構成比でダントツトップ。二位はペルー人が九五七人（同八人減）で構成比は一一・六％、ネパール人が六九一人（一〇人減）と続く（人数はいずれも一八年一〇月末）。

ちなみに、入管法改正前の八九年末に町に住む外国人は六二三人。当時の町の総人口が三万八三七九人だったので構成比は一・六二％だった。

旧中島飛行機の工場施設を利用した太田のスバルと大泉の東京三洋（現パナソニック）。現在でも、中島時代の建物が、両社の工場で一部は現役として使われている。

軍事工場は、設備と技術を持つ人を地域に残した。この結果、自動車と電機の大手二社を頂点に、機械・金属などの下請け企業が集積する企業城下町を形成する。

太田・大泉地域は、茨城県の日立地域と並び北関東を代表する工業地帯に発展し、一九八〇年代には〝日本のデトロイト〟と呼ばれるようになる。

しかし、八〇年代後半のバブル期になると、中小企業は労働力不足に見舞われる。特に、「三K（きつい、危険、汚い）」と揶揄《やゆ》された中小零細の職場は、若者から敬遠されていったのだ。人手不足で倒産する会社も現れる一方、アジアからの不法就労者が急激に増加してしまう。

こうしたなか九〇年六月に施行された改正入管法は「人手不足をなんとかしたい」とい

う産業界と、「移民は受け入れられない」とする政府の間での妥協の産物だった。日本語学校の就学生の在留資格「就学」の創設、研修生受け入れ（九三年から技能実習）とともに、就労制限のない在留資格「定住者」が新設され、日系二、三世とその配偶者が対象となった。

これら一連の対策の結果、ブラジル、ペルーなどから日系人が日本に押し寄せ、単純労働者として生産現場に入り込んでいった。

人手不足を背景に産業界の強い要望で政府が動いた、という構図は今回の入管法改正の場合ときわめて似ている。

笠松氏が町役場入りしたのは、転機となった九〇年のこと。町には南米日系人が増え「英語も通じず、ポルトガル語の辞書を片手にコミュニケーションしていました」と振り返る。

当初、南米日系人たちは数年の短期就労で帰国するとみられていたが、家族を呼び寄せるなど定住が進み、地域のありようも一変することになった。

事実大泉町が一九九〇年一〇月に、ブラジル人などの外国人を対象に実施したアンケート調査では、「どのくらいの期間、日本に滞在するか？」の問いに、約七〇％が「三年未満」と回答していた。

しかし、一〇年が経過した二〇〇〇年一一月の調査では、「三年未満」は一八・六％に減り、「未定」と答えた人が、九〇年一一月の一一・〇％から約六六％へと大幅に増加したのである。

日本滞在が長期化したためだったが、背景には長引くブラジル経済の低迷があった。帰国しても、日本と同額の収入を得るのは難しかったのだ。さらに、最初は「出稼ぎ」で来日したものの、結婚して家庭を持つことで日本に長期滞在する人も増えていった。

移民とのトラブルは生活習慣の違いによって起きる

生活習慣の違いから、ごみの出し方や騒音などをめぐり、地域のトラブルを生むことも太田・大泉では経験している。

大泉町は、日系人への情報提供、地域との交流、公立小中学校の日本語学級設置など「共生のまちづくり」を模索していく。九〇年には全国に先駆けて町内の小学校に「日本語学級」を設置。二カ国語を話せる指導助手を配置した。現在も、町内にあるすべての小中学校（小学校四校、中学校三校）に、日本語学級が設置されている。

それから約二九年が経過した。「外国人と共存はできているが、共生となると課題は多く、道半ば」というのが、笠松さんの正直な思いだ。

「会社ならば、日本人であろうと外国人であろうと、同じ組織の中で働く社員になります。会社の目的は利益の追求であり、そこで働く人は、同じ目的に向かって一致団結する労働力なのです。これに対し、会社から帰ると外国人は生活者になる。自治体と生活者との関係はそれこそ生死にまで及ぶわけで、教育や医療などを含めさまざまな領域を自治体が担っています。

地域社会の中で、日本人と外国人とが互いの違いを認め合って、完全に一体になっているかといえば、そうではない。とりわけ、（入管法改正から）三〇年近く経ち、大泉にずっと住んでいる外国人の中にも、日本語を話せない人は多いのです。共生を目指す中での大きな課題です。

役場としては泥縄式に、いろいろなことをやってきた。前例となるモデルケースがないのは、難しい点です」

「共生」を求めず、まずは「共存」で良しとする

就業制限のない「定住者」とはいえ、企業にとって外国人労働者は「雇用の調整弁」にされやすいという現実があり、外国人労働者が多く住む地域にとっては、景況感が地域にもたらす影響も、必然的に大きなものとなる。

二〇〇八年のリーマン・ショックでは解雇や派遣契約打切りが進んだところへ、三洋電機の経営危機も重なり、〇九年末の外国人人口は六四二四人と、一年前より六五三人も減った。一一年の東日本大震災でも南米日系人の帰国が進んだ。最近では、景気拡大にともない再び外国人労働者が増えているところだ。

三洋電機を定年退職し、現在は介護施設の経営に携わる、団塊世代の男性は次のように話す。

「外国人とは、ほどよい距離を保っている。この距離感があるから、トラブルは起こらずに共存できています。これで十分です。私は共生を望んではいない」

大泉は戦前、全国から工科系の学生が中島飛行機に集められて発展した町。ヨソ者を受

け入れる素地がある。私自身も、東京の大学（経済学部）を出て東京三洋に就職し、この町に住んだヨソ者です」

男性は東京三洋に誇りを持っていた。東京三洋が三洋と合併したのは一九八六年。安価な労働力確保を目的に設立された東京三洋は、四半世紀の間に急成長を遂げていた。半導体やパソコンなど当時のハイテク部門を有していた上、株価でも三洋を大きく上回っていた。が、ローテクな家電中心の三洋に合併されてしまう。

東京三洋がつくった石油ガスファンヒーターが、一酸化炭素中毒事故を起こしてしまったのがそのきっかけだった。

「合併がなければ、会社も自分も違っていたと思う……」

もっとも、その三洋も二〇一一年、環境技術が弱点のパナソニックによって買収された。

彼に外国人の良いところ、悪いところ、そして外国人受け入れ拡大についてどう考えているのか、聞いてみた。

「私の孫が通う小学校では、四人に一人がブラジル人などの外国人。いまはトラブルもなく、地域は落ち着いていますす。最近は隣組や防災訓練にも、参加する外国人は増えていきます。東日本大震災の後は特に多いですね。

独立して商売をやっている外国人もいて、立派だと思う。〝社畜〟としてサラリーマン人生を送った自分と比べると、見知らぬ土地で頑張っている彼らは偉いと思う。外国人を高く評価したい。外国人の悪い面は、いまはないです。大泉では外国人との接点がないままでも暮らすことができます。

外国人労働者の受け入れ拡大については、どちらかといえば私は反対です。私たち団塊の世代が互いに持っているような強い繋がりを、外国人との間に持つことは無理だと思います。まったく文化が異なる国の人が、あまり大量に入ってくることは、社会が混乱する要因だと考えます。会社はどこもダイバーシティー（多様性）を推進していますが、社会となると話は別です。孫が成人する頃には、違う社会ができているのかも知れませんが」

移民たちは日本をどのように捉えているのか

石川達三が著した小説『蒼氓《そうぼう》』は、戦前の貧しい農民たちが夢を追い、ブラジル行きを志す物語だ。太宰治を抑え、一九三五年に第一回芥川賞を受賞したことでも知られる。

作品には、移民収容所から神戸出港までが描かれている。受賞後に加筆された箇所では、太平洋を航海する船内の様子、さらにブラジルに到着し新しい世界で生きていこうと日系移民たちが決意するシーンまでが描かれた。

最終的には、一大巨編となり完結する。石川自身、一九三〇年に移民船でブラジルに渡った経験をもち、これが作品の下地になったようだ。

いずれにせよ、八〇年以上前の日本は、国が養いきれない人々を移民として南米に送っていた。国策として。そして、日系移民の二世、三世が時代を超えて、逆に日本へ渡ってきたのが入管法が改正された一九九〇年からだった。

当の移民たちはどのような考えを持って日本にやって来るのだろうか。

来日して一七年になるという、流通業に従事するというブラジル人男性（四七歳）に話を聞いてみた。

「仕事があり、安全である。これだけでも、日本は素晴らしい。家族も安心して暮らしている。日本人自身が、安全に働けることのありがたさを、十分に理解していないのではないでしょうか。私にはそう思えます。

日本人にも日本にも、不満はありません。問題なのは、私が日本語を十分にマスターできてないこと。日本語を聞いて、内容はわかるのに、うまく話すことができないのです。

これから外国人が増えるのは、良いと思う。日本は、努力をすれば報われる国なのだから。努力が報われて、私はマネージャーにしてもらった。嬉しかった。社長には感謝しています」

一九九〇年に来日し、大泉町で販売業に従事する五〇代のブラジル人女性は、流暢な日本語で話す。

「日本の良いところは、働きやすいところ。日本人は、みんな親切にしてくれる。協力し合える。私たちブラジル人は、日本人に感謝と尊敬の念を抱いている。ブラジルは経済が不安定で、先々を読めない」

日本の嫌いなところは、「税金が高いところ。（予定されている）消費税増税は、本当に困る」と話す。

女性は父方が日本人だそうだ。外国人の受け入れ拡大については「反対。これまではいなかった国の人が増えていて、いまも治安が悪化しています。異なる国の外国人間の喧嘩やトラブルが目立ってきたので怖い」。

確かに、ブラジル、ペルー以外にも、大泉町には四四カ国の外国人が住んでいる（一八年一〇月末）。全員が「定住者」ではなく、多様な在留資格を持っている。ＭＢＡをもっている若者が、群馬のどこかのクリーニング工場に働いているケースもある。

東京三洋に勤務していた男性は、「いまは悪い外国人はいなくなった。日本人が被害を受けるトラブルはなくなった」と話す。ただ、日本人の知らない水面下では、外国人の間で小さな衝突が起きているようだ。映画「ウエストサイド物語」（一九六一年）に出てくる、ポーランド系非行グループとプエルトリコ系非行グループの争いのように。

頼りの綱の外国人材に良い環境を提供できるかが勝負

ＳＵＢＡＲＵ大泉工場（中島飛行機の飛行場跡地）とパナソニックの主力工場がある大泉町には、下請け企業も多数集まっている。だが、その人手不足はきわめて深刻だ。

周辺一市五町をエリアとする「ハローワーク館林」の二〇一九年一月の有効求人倍率（原数値ベース）は二・五四倍（前年同月より〇・二一増加）と群馬県（一・七八倍）や全国平均（一・六三倍）を大きく上回る。

改正入管法を待たずとも「頼りは外国人」という現実が先行している。大泉町に隣接する太田市でも「新たにベトナムやネパールなどアジアからの技能実習生が増えている」（同市交流推進課)。

就労活動に制限のない日系二世、三世の定住者とは異なり、技能実習生は転職ができない。それが劣悪な労働環境の背景になっていることはすでに触れたが、そのために実習生が失踪する事件は後を絶たない。

一八年一一月の改正入管法の審議では、一八年一月〜六月の半年で失踪した技能実習生が四二七九人にものぼることが明らかになり、野党が問題視した。

技能実習生は事実上「低賃金の単純労働者」を集める手段として使われている。その結果、劣悪な労働環境や極端な低賃金が失踪を誘発しているとみられている。外国人受け入れが拡大しても、こうした構図が変わらなければ、地域に定着せず消えていく外国人が増える可能性は十分にあるだろう。

「悪質なブローカーは厳しく取り締まってほしい。でないと、特定技能がせっかく始まっても、優秀な外国人が日本に来てくれなくなる」(桐生市にある大手自動車部品の首脳)

大泉町の中心部、東武小泉線西小泉駅近くで、八〇年代から喫茶店「喫茶ビートル」を営む川島勝則氏は、この町の約三〇年の激動を肌で感じ取ってきた。

南米日系人が増え始めた九〇年代は「トラブルは尽きなかった」。ごみの分別などのルールを守らなかったり、ベランダでバーベキューをしたり、深夜に大音量で音楽を流したり、常に地域との衝突の火種があった。

「九〇年代の初め頃、珍しさからか、コーヒーを飲みに来店する南米人はいました。でも、最初の頃だけでした」

町内でアパート経営もしている川島氏自身、苦い思い出が多い。〇八年のリーマン・ショック後、外国人が「二人居住」として契約したはずの部屋なのに、実際には実に六人もの外国人が住み込んでいたことがあった。この頃、家賃を踏み倒される「夜逃げ」も経験した。

最近では「日本人が被害を受けるトラブルはなくなった」。ただし「外国人間で小さな衝突が起きているようだ」という印象もぬぐえないでいる。

川島氏は、改正入管法の外国人受け入れ拡大には「反対です」と明言する。

思い出すことがある。一五年以上前、小学校に通っていた長女はペルー人の友だちをよく自宅に連れてきた。子供たちは仲良しだったが「親同士は一定の距離を置いていた」。ただ、この距離ゆえに「無用な波風が立たなかった」と感じている。

「立派にやっている外国人はたくさんいる。人間として尊敬している。何しろ、家を建てる外国人も増えてきましたから。これはつまり、日本の銀行がローンを認めたということなのです。彼らの努力や勤勉さを私も素直に認めます。

それでも、互いの違いを理解し合い、本当に共生しようとするなら、多大な時間と労力が必要になるのです。むしろ、日本人でも若いニートがたくさんいます。外国人よりも、まずは日本人を優先すべきでしょう」

これが一九九〇年からの激動期を生きてきた川島氏の思いだった。

また、川島氏はこんなことも指摘する。

「三洋の業績が良かった二〇〇〇年頃、町にはすごく活気がありました。これまで、SUBARUは好調でしたが、完成検査問題でつまづいてしまい、これからが心配です。

多様な外国人がたくさん入ってきても、地域が安定していられるための前提条件は、経済が成長していることだと思います。リーマン・ショックのような事態が起こると、外国人は追い詰められ、その結果、町は荒れてしまう」

移民活用最大のカギ、日本語教育体制をどうするか

外国人住民の多い太田市や大泉町、静岡県浜松市など全国一五市町で組織する外国人集

住都市会議という組織がある。二〇〇一年に設立、多文化共生政策を国に働きかけ、日本に三カ月以上住んだ外国人は行政サービスを受けやすくする法改正などを実現させてきた。

同会議座長である太田市の清水聖義《まさよし》市長と、大泉町の村山俊明町長が、山下貴司法相宛てに意見書を提出したのは二〇一八年一一月二八日、入管法改正案をめぐる国会審議の最中だった。

意見書は、日本語教育の支援や共生を推進する「外国人庁」の設置、外国人の労働環境の改善と社会保険の加入促進などを求めた。外国人受け入れで先行した「現場からの声」が凝縮されている。

太田市も大泉町も、小中学校に外国人の児童・生徒向けに日本語教室を設けている。集住都市会議の加盟自治体は工業都市が大半で、地方交付税交付金に頼らない不交付団体が多く、財政は自立している。

それでも負担は大きく、清水市長は定例会見で「国はやりっ放しで、『(後は)市でやってくれ』では困る。税の一部を地方にまわしてほしい」と発言している。

現実に、四月以降外国人がやってきても全国すべての自治体で同様の日本語教室を設置できるとは限らない。

特に労働環境では「(定住者など在留資格者の多くが)派遣・請負といった不安定な雇

用形態であるため、生活の見通しが立たず、将来に対し不安を感じている状態にある」と意見書では指摘した。

「外国人の単純労働では派遣が多い」（太田市企画部交流推進課）と言うが、実態はどうなのか。

派遣会社のトップエンジニアリング（館林市）は、一七年まで一部に外国人を使っていたが、現在はいない。一九五七年生まれという同社の吉野高史会長は、「言葉が通じないのが一番の問題でした。外国人の不満を聞くことも、こちらの要望を伝えることも、どちらも難しかった」と言う。ちなみに雇用していた外国人は、日系ブラジル人などの定住者のほか、日本人の配偶者などだったという。

「真面目な人も一部にはいたが、怠ける人が多かったです。何より、時間を守らない。また、出身国同士での横の繋がりは強固で、SNS（ソーシャル・ネットワーキング・サービス）を使い全国の仲間とやりとりをしている。時給が少し高いだけで、その日のうちに浜松など遠方に行ってしまう。こちらの仕事が繁忙期であっても、お構いなし」

派遣先の工場には、他社の派遣会社の外国人もいる。失踪した技能実習生ではと思えるアジアや中国など多様な外国人がいて、外国人同士が喧嘩になってしまい、派遣先に「パトカーが来たこともあった」そうだ。

トイレからトイレットペーパーが予備を含めて消えるのは当たり前で、ロッカーに鍵をかけないと私物は日常的になくなる。

「外国人を雇用して良かった、と思えたことはなかった。外国人の良い面はひとつもない。悪いことばかりでした」と吉野氏は嘆く。

それでも、外国人労働者受け入れ拡大について、吉野氏はこう語る。

「賛成です。再び外国人雇用にチャレンジすることも考えたい。人口が減り、人手不足が深刻化するだけに、彼らの力が必要ですから。

大切なのは接し方。まず、通訳は必須です。次に、同一労働同一賃金はやめるべきだ、と私は思う。一生懸命な人と怠けている人が、同じ工場に働くからといって同じ時給なのはおかしい」

ホワイトカラーの成果給の要素を取り入れたり、さらには、完成検査のような重要な工程に従事する人の時給を上げる、アメリカ流の職務給の要素を取り入れるべきではと、吉野氏は模索しているという。

「同じ派遣であっても、熟練の日本人と同じ賃金にするのにも無理があります。外国人が多く入っても、それを理由に日本人の賃金を落としてはならない」

出世する外国人とトラブルを起こす外国人の違い

団塊世代のK氏は、生まれも育ちも大泉町である。県外の大学を卒業後、太田市の小売り大手に就職。六〇歳を過ぎても勤め続け、引退したのは数年前だそうだ。店長も務めたが、外商が長く、太田・大泉地域を隅々まで知り尽くしている。しかも、地域の演劇活動にも長年参加していたという。

「人に旬があるように、街にも旬があります。大泉が本当に輝いていたのは、東京三洋が成長を続けていた八〇年代前半だったでしょう。東京三洋は本社が大泉にあったから成長できたのだと思います」

K氏によれば、東京三洋と三洋の合併により、特に仕事のない部署に異動させられた旧東京三洋の社員もいたそうだ。

逆に、旧東京三洋で引き上げられたのは、「三洋という新しい支配層にとって、扱いやすい人、あるいは好まれる人。パナソニックとの合併でも、このタイプは生き残ったようです」と指摘する。

これは、外国人労働者にも当てはまるかも知れない。日本人にとって、扱いやすい外国人、日本人経営者に好まれるタイプの外国人は、出世する。こんな方程式が容易に予想されるのだ。

映画「カサブランカ」（一九四二年）に登場する警察署長は、ドイツ軍にとっては「扱いやすいフランス人」だった（ラストでは男気を見せるが）。また、アカデミー賞を受賞したシドニー・ポアチエやデンゼル・ワシントンは、一般に「白人に好まれる黒人俳優」と言われる。

それはともかく、N氏は言う。

「ブラジル系など九〇年代から日本で働いている外国人の子弟には、地元の高校から一流大学や大学院に進んだ子もいます。ただし、この子たちの大半は東京など大都市に就職している。太田や大泉では、なかなか働いてくれません。

一方、（入管法改正から三〇年近くが経過し）外国人の居住する地域が、そのルーツによって別れています。ブラジル系は西小泉駅から太田・伊勢崎方面へと西に向かう旧国道三五四号線（現在は県道）の周辺、太田に入ってからの沿道にはペルー系が多いといった形です。

太田・大泉の外国人居住地域が固定化したためか、旧国道三五四号線の先にある伊勢崎市には、中東などから雑多に外国人が入っていて、街の中心部は荒れています」

伊勢崎市には大きな工業団地があり、外国人の雇用の受け皿がある。

この伊勢崎市にある東京福祉大学では、一六年度から一八年度の三年間で約一四六〇人もの留学生が除籍となり、その多くが所在不明になっていることが一九年三月に発覚した。この一四六〇人とは学部生に加え、学部生になる準備を目的とした、「研究生」と呼ばれる非正規の留学生という。

伊勢崎市では街が荒れて、外国人の若者が消えている（なお、同校HPによれば、研究生向けに開講するキャンパスは伊勢崎のほか、名古屋、池袋、王子にもある）。外国人の所在不明者は、トラブルや犯罪の温床となりやすい。

同大は二〇〇〇年に、社会福祉学部の単科大学として伊勢崎市に開学した。群馬にあるのにあえて「東京」とつけたのは、旧東京三洋との共通点だ。いずれもその目的は若者を集めることであり、東京福祉大の場合は、その対象が海外にまで広がっている。

太田市の二〇代の職員は、市内の小中学校に通ったが、「外国人の同級生はたくさんいました。でも、いじめは一切なかった」と話してくれた。

これに対し、群馬県の東部地域の中学校で教鞭を執る五〇代の教諭は語る。「現実にいじめはたくさんあります。痛ましい事態になり、新聞で報道されたこともありました。

自分たちと違うものに対し、子供は敏感です。いじめを受けた外国人の生徒は登校しなくなる。そして、一家が子供を連れて母国に帰るケースもある。なかには、日本人の夫を残し、いじめに遭った子供を連れて帰国した外国人の母親もいました」

この先生は、「国民性なのか、生活習慣なのか、時間にルーズな生徒とその親はいます。遅刻が多い、といった小さなことから、いじめへとつながっていく」と言う。

事実上の移民が増えることで、社会に波風が立つことは避けられない。一直線に、美しい世界がスタートするわけでもない。

団塊世代のK氏は、独身を通し、現在は大泉町で一人暮らしをしている。このため、町内のコンビニでアルバイトに従事し、深夜勤務も厭わずに働く。

「外国人の良いところは、日本人以上に礼儀正しい若者が多いことでしょうか。コンビニの近くにはSUBARUの下請け工場があり、多くの若い外国人労働者が昼時に弁当を買いに来ます。日本人より礼儀正しい子ばかりです。工場の教育がしっかりしているのでしょうが、順応しているところは偉いと思う。

一方で、深夜に同じ国の外国人が数人で来店したとき、私たちは警戒レベルをマックスに上げます。組織プレーで万引きされることがあるからです。本当に怖いですよ」

　では、外国人労働者の受け入れ拡大を、K氏はどう受け止めているのか。

「わかりません。賛成とか反対とか、私には軽々に判断できないのです。本当は、多くの日本人、そして外国人にも、実際どうなるかはわからないのではないでしょうか」

《移民活用の鉄則》

●アメリカでは、特にシリコンバレーの半導体工場などにおいて、白人の工場労働者が移民労働者に置き換わる動きがあった。企業はそれによって競争力を高めたが、社会の安定性への配慮が必要になった。
●高度人材を日本に招聘するためには、日本企業の賃金体系を根本的に見直す必要がある。
●人手不足解消の「頼みの綱」である移民は、使い捨ての労働力ではない。彼らの離職率を下げる取り組みがポイント。
●日本語力は移民の労働市場価値と直結する。政府による移民への日本語教育体制の構築が遅れている現状があり、企業として移民への日本語・日本文化教育体制をとれるかどうかが活用の成否をわける。

第4章

企業を伸ばす
移民活用の鉄則

香川県観音寺市の伝統行事「ちょうさ祭り」に参加したインドネシア人技能実習生たち

外国人材で事業を伸ばした企業が掲げる「鉄則」

太田商工会議所会頭の正田寛氏は訴える。

「外国人労働者の受け入れ拡大は、大賛成です。外国人をもっと増やすべき。何しろ、この地域の中小企業には人（日本人の若者）が来ない。外国人が主力になっている中小企業は多いのです。外国人なくして、この地域の、いや日本のモノづくりは成り立たない。外国人との共生は可能です」

自動車なら、トヨタや日産、ＳＵＢＡＲＵは組み立てを行うが、二万点から三万点の部品をつくっているのは、中小企業である。つまり、日本のモノづくりは、中小企業が支えているわけで、中小企業が人手不足で倒産してしまうと、日本のモノづくりそのものが崩壊してしまう。

正田氏は、太田・大泉地域の有力部品メーカー「しげる工業」（本社・太田市）で、相談役名誉会長を務める。同社は自動車のバンパーやシートなどの自動車部品を生産し、ＳＵＢＡＲＵをはじめ自動車各社に供給している。一九三七年生まれの正田氏は創業者の弟であり、一九八二年から二〇〇七年まで社長を務めた。

アメリカやタイにも工場をもつしげる工業の従業員数は約一一〇〇人。うち約二五〇人が外国人だが、ペルー人の幹部候補生がいるそうだ。

一〇年ほど前、最初そのペルー人は派遣社員として、金型を交換する工程で働いていた。「真面目な働きぶりや能力、そして人柄を評価して、正社員に登用しました」

その後、アメリカ工場に勤務させて経験を積ませ、三〇代後半になった今では、日本人を指導する幹部候補に出世。しかも最近、太田市内に戸建てを買ったそうだ。

「日本人だろうと外国人だろうと、社員の成長を見るのは経営者の喜び。人材こそが、会社の財産です」


しげる工業に働く外国人は、南米系、アジア系、中東系と多様である。日系人の定住者、日本人や永住者の配偶者、技能実習など在留資格も実にさまざまだ。

外国人労働者を雇用し始めたのは、入管法改正以降の九〇年代から。正田氏が社長を務めていた時代に実施したことだった。

では、どうやって外国人労働者を成長させ、生かしてきたのか。彼らの活躍は、会社の発展にもつながってきた。正田氏に語ってもらおう。

・外国人を生かし会社を伸ばす「明日のために　その一」

「外国人だからと、決して差別をしてはいけません。日本人と同じように、平等に見て、機会を与えていく。そうすれば、将来会社をけん引していく外国人も育つのです」

外国人だからとか、派遣社員だからとか、〝色眼鏡〟では見ないようにする。すると、元派遣社員だった幹部候補のペルー人のような人材を見いだせる。

・外国人を生かし会社を伸ばす「明日のために　その二」

「コミュニケーションが大切です。まずは、経営トップが社員とコミュニケーションをとることが重要です」

正田氏は工場内を、頻繁に見て回るそうだ。何事も原点は現場にあるためだが、その際に、外国人に声をかけたり、目を合わせて手で合図をするなど、必ずコミュニケーションをとる。

「儀礼であってはなりません。一瞬でもいい、彼らの目を見て、合図を送るのです。心から送れば、意思は伝わるものです。彼らも白い歯を見せて答えてくれます」

経営トップが、自分たちを見ていてくれると外国人は思うだろう。海を越えてやってきた彼らは、日本人以上に、大変な決断をしている。

・**外国人を生かし会社を伸ばす「明日のために　その三」**

「コミュニケーションにおいて、特に大切なのは外国人と直に接するマネージャークラス」

一〇年以上も前だが、しげる工業はインドネシアから技能実習生を一〇人以上もまとめて受け入れた。市内に、借り上げでアパートを用意したところ、すぐに近隣からクレームがきたそうだ。クレームの内容は、ゴミ出しのルールを守らないなどといった、生活習慣の違いに起因するものが大半だった。

そこで総務部の課長や係長が、寮の舎監として彼らの生活指導を徹底して行った。指導方法も日本的な軍隊式ではなく、納得するまで膝詰めで丁寧に話し合うというものだった。この結果、近隣からのクレームは出なくなった。

・**外国人を生かし会社を伸ばす「明日のために　その四」**

「日本の文化に溶け込み、地域社会に馴染もうとする努力は外国人にも必要です。日本人はひとくくりに〝外国人〟として捉えがちですが、実際には多様な国々から来た多様な人々で、彼らが日本に馴染む時間にも個人差があります。会社としては、一人ひとりを注意深く見てあげることです」

前項のインドネシアからの実習生たちだが、最初のうちこそ近隣住民からのクレームがあったが、生活習慣の違いを指導することで関係が改善。それだけでなく、インドネシア人実習生たちも近隣の神社の祭りで神輿を担ぐなど、積極的に地域に融合する努力をするようになったという。

来日して三年が経過し彼らが帰国する際（当時技能実習は最長三年）、近隣の人たちがみんなで見送りをしてくれるまでに、関係が改善したそうだ。

いまでは、太田市全体の大きな夏祭りに、同社の外国人社員が積極的に参加しているそうだ。夏祭りといった地域のイベントは、外国人が日本を知って溶け込むのにも役に立つので、企業としても積極的に利用するべきだろう。

・外国人を生かし会社を伸ばす「明日のために　その五」

「外国人に選んでもらえるよう、会社自身が、そして日本自身が価値を上げていく必要があります」

しげる工業のタイ工場も、実は人手不足に陥っている。このため、ミャンマーから外国人労働者が入っている。いまや、グローバルな規模での労働力の争奪戦が始まっていて、日本の製造業や介護、外食などの現場も巻き込まれているのが現実だ。

「韓国などのライバル国、または上海のような巨大都市に、外国人労働者が奪われていく心配は根強い。

外国人に向けて、日本で働くことの魅力、太田・大泉の魅力、そして当社で働くことの魅力を発信していく必要があります。外国人労働者が増えると、日本人の賃金が減ってしまう、などという声はあるようですが、下がることはありません。いまは大変な人手不足ですから」

国際協力がタテマエの技能実習は転職ができないのに対し、就労を目的としている特定技能一号は転職が可能だ。対象国が重なる場合、技能実習から特定技能一号への転換も進むはずである。

これからは移民の転職が可能となるだけに、まずは地域間での外国人争奪戦となる可能性はある。

「太田で生まれ育っても、東京に就職したまま帰らない人は多い。しかもいまは少子化に歯止めがかからない。外国人までも、東京にとられてしまうのは困る」

外国人の受け入れを始めて、問題なく働いてもらえるようになるまで、「一〇年以上はかかりました」と正田氏。

それでも、「外国人が会社の大きな戦力に育ったこと。職場で外国人と普通に接するようになって日本人社員の国際感覚が豊かになり、海外での展開がやりやすくなったことなど、メリットは大きい」と強調する。

「しかし、いまでも、問題はあります。ベトナムから来ていた技能実習生の一人が失踪してしまったのです。残念でなりません。会社として、改善する点はある。

その一方、実習生の来日に際して、現地ブローカーから巨額の借金を負わされる問題は、これからなくして欲しい。日本の評判が悪化すると、海外での就労を志す若者から日本は選ばれなくなります」

「このまま国に帰れない」という移民の粘り強さに学ぶ

「料理は文化です。料理を通し、ブラジルの文化を日本人に発信していきたい」

大泉町の中心部、東武小泉線西小泉駅の近くにあるブラジル料理店「KAMINALUA（カミナルア）」。オーナーシェフで日系ブラジル人三世の瀬間仲《せまなか》ノルベルト氏は、一九八四年生まれ。

母方の祖母は沖縄出身だ。小さい頃から野球が大好きで、中学時代はオール・ブラジル、ブラジル代表として活躍した。高校から、宮崎県の日章学園に野球留学することになる。

「ブラジルで、サッカーよりも野球を好きになったのは、野球にはチームに規律があり、チーム内で協力し合えるから。僕は子供の頃から、『他人に迷惑をかけるな』と母親から日本流の教育を受けた。実をいえば、ブラジルのサッカーは、勝つためには何でもあり。少年チームでも、チーム内のライバルを徹底的にやっつけるし、汚い言葉を平気で使います」

まさにストリートファイトであり、強い者だけが生き残るサバイバル。こうした厳しさがあるから、ブラジルはサッカー王国となっているのだろう。

「この点、日本の高校野球は素晴らしい。みんなが協力し合い、チームが一丸になる。レギュラーも補欠も関係なしにです」

三年生だった二〇〇二年夏には、甲子園出場も果たした。一塁手で左の強打者だった瀬間仲氏は、甲子園でホームランを放っている。打球は、ライトスタンド中段に飛び込んだ。

この一撃が注目され、ドラフト七位で中日ドラゴンズに入団した。だが、一軍経験のないまま、たった三年で選手生活を終えることになる。入団二年目に左膝を故障したのが痛かった。

「自分には野球しかなかったので、中日から退団を告げられたときには頭の中が真っ白になりました。それでも、ブラジルに帰らなかったのは、何一つ成功していないのに母国に帰れるか、という気持ちが強かったから。日章学園、そして中日と、チャンスを与えてくれたのに、僕は生かせなかった。怪我がなければ、もっと長くやれたはず、という思いはあり、トライアウトにも挑戦したけれどオファーは来なかった。何もかもを失ったとき、すべての現実を受け入れることからはじめ、再スタートを切りました」

父親は地方公務員だが、日本と違い生活は苦しかった。貧しいのに、ブラジルでは高価な野球道具を揃えてくれた。

「親への感謝の気持ちがあり、負けたまま帰るのは、両親に申し訳なかったのです」

ブラジルに限らず、海外から日本に職を求めにきている外国人たちは、繰り返しになるが強い思いを抱いている。

さて、太田から西に三〇キロメートルほどの距離にある前橋市には、新潟県出身者が実は多い。東京で挫折し、上野駅から故郷の新潟を目指すが、群馬に入ると谷川連峰が車窓に見えてくる。「このままでは帰れない」と新前橋駅で降り、失敗経験をバネに前橋でリベンジを志していく。田中角栄元首相のように、都会で成功する人は一握りだろう。それでも再起を目指す人たちは、決して敗者にはならない。

これは、外国人も同じだろう。

引退後、最初は愛知県で姉とブラジル人向けの語学教室を開く。〇七年、ブラジル人が多く住む大泉町に教室を移転する。

地域のイベントなどで、趣味のブラジル料理を出したのが評判となり、思い切って店を持つことにした。得意は「パステル」。チーズや肉を生パスタの生地で巻く、春巻きに似た軽食だ。

店のオープンは一五年五月。屋外のウッドデッキ分を入れると、客席数は約一〇〇に及ぶ。かなり大きな店だ。

「成功できる確率は読めませんでした。できるだけ、お金を使わないよう、屋外のテーブルはノコギリをひいて自作しました」

仕入れや家賃支払いにも不安があったが、数カ月もすると、手応えを感じるようになる。客は最初こそブラジル人ばかりだったが「今は日本人が半分近くにまで増えてきた。

最初から、順調にいきました。ブラジルの肉料理などのメニューも増やしたのが、好結果を生みました」

自分でも強く意識してはいなかったが、瀬間仲氏は大勢の人を前に話すのは得意ではない。店の繁盛にともない講演する機会が増えたが、「上がってしまい、いつもうまくいきません」。大観衆の甲子園で、特大アーチを描いたスラッガーとは思えないが、どうやらそうらしい。

「その代わり、一対一の会話や、テーブルトークは得意。なので、レストランの店主に自分は向いている」

文化や生活習慣の違いをどうやって受け入れるか

外国人との共生には、相手国の習慣や慣行を知る必要がある。

「ブラジル人は時間を守らない」（派遣会社の経営者）と、よく言われる。ブラジルで、例えばホームパーティを午後六時から開くと決めると、出席者は三〇分から一時間遅れてやってくるそうだ。

瀬間仲氏によれば、これはブラジルの習慣であり、むしろマナーなのだという。

「ブラジルでは時間通りに来るのは〝失礼〟と考えるからです。人より早く来て美味しいものを先に食べようとしていると思われたり、ホスト側の準備時間に余裕を持たせようとする配慮があったりと、いくつかの理由があります」

カミナルアでも、パーティーの予約が入った場合、日本人ならほぼ全員が時間までに揃う。早い人は三〇分も前に現れる。これに対し、ブラジル人なら全員が揃うのは早くとも一時間後になるそうだ。

「僕は来日して一九年。日本のやり方に慣れてしまい、遅れて始まるブラジルのパーティに違和感を覚えるようになっています」と瀬間仲氏は笑う。気がつけば、いつの間にか日本化していたというのだ。

外国人が日本社会に溶け込むためのカギは、「社会への貢献」だと瀬間仲氏は実感している。

彼は高校時代だけでなく今でも、「外国人」という目で見られることがあるという。だが、一方では次のようにも話す。

「貢献度が大きければ、外国人かどうかなんて誰も言いません。店を繁盛させて、地域の活性化に、そして、日本とブラジルの文化のつなぎ役としてもっともっと、貢献していきたい。

日本はチャンスを与えてくれる素晴らしい国。日本の悪い面は特にないと感じます。日本政府はかなり昔に法改正をして（一九九〇年の入管法改正で）、僕たちの力を必要とした。だから就労ビザというチャンスを与えてくれたのです。

一方、ブラジルを何度も訪れサンバの演奏もするような日本人の常連客が、ブラジルについて話してくれたことを、僕は忘れません。

この人は次のように言いました。

『ブラジルは貧しく、国民は最低限まで落ちた生活を強いられている。なのに、みんな音楽を楽しみ明るく踊っている。ブラジル人が底抜けに明るいのは、どうすることもできない辛さが背景にあるから。安定した生活のなかにいる日本人には、ブラジルをはじめ貧困国の辛さはわからない』」

では、瀬間仲氏は外国人の受け入れ拡大についてはどう受け止めているのか。

「外国人労働者が増えること自体は賛成です。いろいろな国に対して、平等にチャンスを与えても良いと思うから。多様に外国人が入ってくると、最初のうちトラブルが増えるはず。これだけは避けては通れません。

それでも、長い目で見れば、プラス面は多いと考えます。働く人が増えれば、税収は増えるし、消費も拡大する。いま確実にわかっていることは、何もしなければ、人口が増えずに日本は沈んでいくということ。いままでとは違った一歩を、この国はもう既に歩み始めたのです。

もともとブラジルは、多くの人種、民族、さらには宗教が雑多に入り交じった国。日本の多様化に、私たちが貢献できることはあると思います。

日本人と外国人だけでなく、国籍の違う外国人同士のあいだにも、みんな違いがあります。違いを理解することよりも、理解しようと互いに努力し続けることが、まずは大切ではないかと思います」

現在は日本人の夫人と小学生になったばかりの長女と、大泉町に隣接する邑楽町で三人暮らしの瀬間仲氏はそう笑って答えた。

「使いづらい外国人」を使う方法

一章に登場した新田隆範・新栄不動産ビジネス社長は、「外国人の良いところは、インセンティブがあると一生懸命働く。悪いところは、その逆。自分の利益に結びつかないと働かない」と指摘する。

新田氏は外国人労働者受け入れ拡大について「賛成」の立場である。二〇〇四年頃から、前述した通り大学を卒業し「専門的・技術的分野」の在留資格を有する外国人を中心に雇用してきた。一時は英会話学校を運営し、日本人社員の英語教育にも力を入れた。

「外国人は、日本人のように気合いと根性だけでは動きません。採用を始めた当初、私たちの言うことを、素直に聞いてはくれなかった。必ず、なぜやるのかという、理由を説明しなければならなかった。また、数年間しか日本にいるつもりのない人は、目先の条件で動くためすぐに辞めていきます」

そうした経験をもとに、どのようにすれば外国人をうまく活用できるのか、新田氏は試行錯誤を続けた。その結果たどり着いた「方法」とは、「日本の大学を出ているか、奥さんが日本人」という外国人に絞って採用することだったという。

「日本人の考え方はいわばサムライスピリッツで、耐えに耐えて最後に逆転を目指すようなところがある。技術にしても積み上げていくわけで、そうしたやり方で積み上げていく力は世界一だと思う。

これに対し、欧米の場合は出来上がった技術をお金で買ってしまう。M&A（企業の合併・買収）です。精神構造が違います。でも配偶者が日本人なら、サムライスピリッツからすぐに辞めたりはしません」

新たに始まった「特定技能」に、新田氏は強い期待を寄せる。

「例えばですが、将来ミャンマーに進出する場合、特定技能で採用するミャンマー人を、進出のキーマンにしたい。総合ビル管理で、グローバルな会社はまだありません。当社は、世界で先陣を切るつもり」

野望があるから、期待は当然である。

パパ、ママの来日に食事会

新田氏はその他にも、特定技能一号で入ってくる外国人を活用していくポイントとして、「教育と住環境の提供」を上げていた。

まずは住環境について。

「外国人を安い労働力だと捉えて、一部屋に五人も六人も押し込んで生活させるようなら、外国人でなくとも逃げていきます。当社は、一人一部屋を社宅として用意しています。当社は不動産業ですからこうしたことには力を入れています」

いままでの外国人社員は、総合職ばかり。豊かな家庭で育ったインテリであり、所得も高い。だがこれから特定技能資格で受け入れる外国人は、富裕な人々ばかりではない。社宅など、住環境により配慮しなければならないだろう。

「きちんとした社宅を用意すれば、その分、金銭にも余裕ができるのです。技能実習生がどうして失踪するのかと言えば、金銭に余裕がなくなり、追い詰められることが最大の理由でしょう」

同社では本社勤務の場合、社宅は新宿区かその周辺にある。〝外国人お断り〟を掲げる賃貸住宅のオーナーは多いが、同社は独自のルートから物件を用意している。

「もう一つは、教育です。毎日五時から、社員を対象にした勉強会を実施しています。建物の図面の見方や不動産契約書の作り方、電気や空調の技術についてなど、幅広いテーマを扱っており、外国人も参加しています。

日韓関係の悪化が言われていますが、韓国人社員も参加しています。国同士の関係は、会社では関係ありません。外国人に対し教育を施すことのできる会社、教育への投資を惜しまない会社が、強くなれると思います」

教育と住環境の充実により、外国人の働く満足度を高めていくことで、競争力を高めるというのが新田氏の考えだ。

外国人社員の父親や母親が来日したとき、新田氏は必ず時間をつくり食事に招待しているという。こういった密なコミュニケーションこそ、最も大切なノウハウかも知れない。頭では理解していても、実行するのは意外に難しいからだ。

「大事なのはお金だけではないのです。外国人は個人主義だと思われがちですが、どこの国の人でも、みなロイヤリティ、組織への忠誠心をもっています」


もっとも、プアー・フォーリナー（貧しい外国人）は、実は日本にそれなりにいる。多いのはチュニジアなどアフリカ系や、中東系だ。だが欧米系にも、日本人の配偶者がいて就労資格を持っているにもかかわらず、日本語の能力が不十分という理由で、日本での仕事に就けていない外国人が、まだまだたくさんいるのだ。

こういった人々は、出身国で大学を卒業したあと、語学教師等として来日し、日本人と結婚してそのまま在留しているケースが多い。教師をしていたくらいだから、学歴は高く、世界の有名大学出身者もちらほら見かけるという。

「大阪で清掃員やベッドメイキングの短期パートの募集をかけると、こういった人々がすぐに集まります。ただ、彼らに共通する弱点は、日本語を話せないことです」と、新田氏は指摘する。

学歴の高い人ばかりでも、仕事に突然来なくなるなどのトラブルは絶えないそうだ。

リベラルな企業風土は人材獲得競争に有利

新栄の人事システムのなかで一番ユニークなのは、パフォーマンスの上がらないボトム五％の社員を毎年、〝クビ〟にしている点だろう。

労働市場が確立している欧米企業でなら、こういったシステムもそう珍しいことではない。だが、日本企業でこういった人事制度を公言する企業というと、他にはあまり例はないだろう。

一見してプロ野球の戦力外通告のようだが、新田社長が直接面談して〝クビ〟にするという。対象は営業などのホワイトカラーばかりではなく、清掃や警備といったビル管理の現場に従事する人も含まれる。もちろん、外国人も対象である。

「仮に訴訟になっても、やり続けています。ボトムを切ることで、組織全体のレベルが上がるから。〝あなたはいらない〟とはっきり言えるのは、私がオーナー経営者だから」

訴訟リスクよりも、貢献度の低い社員を残すリスクの方が大きい、新田氏はそう判断している。東京大学などの一流大学出身者であっても、成績がボトム五パーセントならば、〝クビ〟にしてきたという。


新栄の採用には年齢制限がない。というのも、定年がないためだ。

一方社員たちは死ぬまで勤め上げるかといえば、そうではない。「自らの体力の限界を知り」などといって、自己申告で〝引退〟していくという。逆に五〇代はもちろん、六〇代で途中入社する社員もいる。

入社後は、貢献度（成果）を主な基準に処遇や昇格が決まっていく。年齢、性別、国籍、出身大学、前職、宗教などは一切関係なし。ダイバーシティー（多様性）を取り入れているともいえよう。

一方、宅地建物取引主任者（宅建）や建築物環境衛生管理責任者（ビル管）、エネルギー管理士、電機主任技術者などの資格において、業務に資格を必要とする社員には「資格給」を出している。宅建ならば月額一万円だという。

「業務に使う資格であることが前提。自己啓発や自己満足で取得しても、業務に関係なければ資格給はありません」と新田氏。

こういった資格給制度があれば、特定技能でやってくる外国人にとっても、モチベーションがあがるはずだ（なお、国家資格によっては、学歴や実務経験、国籍などで取得に制限がある）。


一九五四年生まれの新田氏は、法政大学工学部土木工学科を卒業し、半官半民の特殊法人で働く。ところが、この法人は行政改革によって大幅に組織が縮小されてしまう。

このため、新田氏は海上自衛隊施設部に転職する。海自の施設を使用する米軍との折衝に当たるうち、英語を完璧にマスターした。バブル期、今度は旧千代田生命に転職する。

不動産管理部門に勤務し、中途入社にもかかわらず、しかも慶応閥の会社でありながら、同年齢の中で最も早い課長昇進を果たした、いわゆる「一選抜（初発ともいう）」だった。

「出世は、上司へのゴマスリ、数字（成果）、周囲からの信頼、この三つで決まります。仮に上司、さらに派閥の領袖である役員の判断が間違っていても、自分が権力を握るまでは決して逆らってはいけません」

優秀であっても、上に正論を訴える人はたいてい更迭されていくのが、良くも悪くも日本企業の特徴だ。この結果、面従腹背の向きを含めたイエスマンだけが残る。

経営トップとなれば、大きな決断を要求される。が、性格がよろしいだけのイエスマンがトップになるケースも日本では多々ある。

それはともかく、子会社の部長として出向していた二〇〇〇年、千代田生命は経営破綻する。現在の新栄であるこの子会社をＭＢＯ（経営陣による買収）により独立させ、新田氏は社長となった。

「サラリーマン生活で一度だけ、上司に刃向かった。ＭＢＯで独立したとき、上を引きずり下ろして、自分が社長に就いたのです。私がトップに立たなければ、やっていけなかったからです。能力のない人がトップに立ち、経営判断を誤ると会社は潰れますから」

その後は、成果主義を徹底。五％ルールにより、旧千代田生命関係者は会社からいなくなった。特定技能の導入にともない外国人材を増やし、海外への積極的な進出を目論む。

「ジョブズの右腕」は異才とどうケンカしたのか

キヤノン電子の酒巻久社長は、入管法改正に伴う外国人労働者の受け入れ拡大について、次のように話す。

「法律をもっと整備してから、実行するべきでした。導入は拙速であり、このままでは将来、社会の混乱を招く可能性があります。なので、入管法改正による受け入れ拡大には反対です。まずは、日本人を優先的に雇用していくべきです」

埼玉県秩父市に本社を構え、東証一部にも上場する同社は、工場部門において外国人労働者を雇用しておらず、また、採用の予定もない。

一方、地元の工業高校の卒業生の採用は、予定よりも増やす考えだという。

しかも同社では、工場で働く従業員が希望すれば七五歳まで雇用することを計画している。このため、高齢者の場合、どんな作業に支障があるのかを精査し、細かな手作業を補助する治具をいまは社内で開発を進めている。

「今回の入管法改正は、人手不足が深刻だから、慌てて踏み切ったようにしか思えません。他の先進国の先行事例を研究したうえで、法律の整備に十分に時間をかけるべきでした。例えば、外国人に対する強制送還のあり方、外国人の人口が増え過ぎないようにするための総量の規制をどうするか、賃金に関することなどを、事前に決めておかなければならなかった。いまの日本の法律では応じられない分野もある。何か騒動が発生してからでは、本当は遅いのです。

法整備の上で、〝移民省〟をつくって実務を一元化するなどの体制づくりも必要でした。

いまは、外国人労働者をめぐり、各省庁の縄張りが入り乱れている。そもそも、外国人という安い労働力を使い倒そうとする経営者の意識を、変えなければなりません。法整備もなく、意識も変えられなければ、社会は必ず乱れます」

実質的な移民である外国人労働者の総数の管理、地域間の賃金格差をどう是正するかなど、細部を決めないうちに、見切り発車してしまった部分は確かにある。

八〇年代から九〇年代にかけて、アメリカでは優秀な移民がハイテク工場などの優良な職をプアー・ホワイトから奪っていった。

「それでも、仕事を得られない移民がたくさんいたのも事実でした。ほぼ一〇年ほどの間、ワーカーの賃金は上がらなかった。移民が次から次に押し寄せたからでした。（スティーブ・）ジョブズをはじめ、移民二世や三世から起業家が生まれた、というポジティブな面もある。しかし、失業状態に陥った黒人や移民も増えて格差が広がるなど、問題もあったのです」

キヤノン電子は、雇用の大きい工場では技能実習生をはじめ外国人を使ってはいない。しかし、技術者を中心に高学歴の総合職では外国人を積極的に採用している。外国人の常務もいる。

酒巻氏は、栃木県佐野市出身。一九六七年に芝浦工業大学電子工学科を卒業し、キヤノンに入社した。

当時のキヤノンは事業の範囲を広げていた。酒巻氏はこのため、電子工学の範疇《はんちゅう》を超えて、機械設計からソフトウエア、半導体、生産管理、品質管理など、何にでも取り組んだ。陸上競技に例えるなら十種競技のアスリートだった。

当時から有名人だったスティーブ・ジョブズ氏に初めて会ったのは、一九八〇年代の前半、大田区下丸子のキヤノン本社でだった。ジョブズ氏は、酒巻氏らキヤノン技術陣を前に言い放つ。

「プリンターはパソコンの奴隷なのに、大きすぎる。私の本棚には載らない」

カリスマと呼ばれた男の一言で「それなら、小さいプリンターをつくってやる」と、酒巻氏たちの技術屋魂に火がついた。

それからキヤノンはプリンターの小型化に取り組む。その結果、ライバルが相次ぎ撤退した現在でも、キヤノンはプリンター事業を維持できている。

酒巻氏はこの頃にパソコン開発にも乗り出していた。カリフォルニア州にある米ゼロックスのパロアルト研究所（ＰＡＲＣ）に頻繁に足を運ぶ。アイコン（絵文字）やマウスなどを使って直感的に機器を操作するGUI（グラフィカル・ユーザー・インターフェイス）を、同研究所が開発していたからだ。

「これはいい……」

一目で気に入り、開発を目指していたパソコンにGUIを導入しようと考え、当時のキヤノン経営陣に提案する。

しかし、経営判断が下るのを待っている間に、アップルはPARCが開発したGUIを実装した「マッキントッシュ」を八四年に発売してしまう。

「やられた。あのカリスマ経営者にスピードで負けた」と酒巻氏は忸怩《じくじ》たる思いを抱く。

ところが、である。ジョブズ氏は八五年、自身がペプシコから引き抜いたジョン・スカリー氏によりアップルから追放されてしまう。


キヤノンは八九年、ジョブズ氏がアップルを辞めた直後に設立していたネクスト社に出資。キヤノンの役員になったばかりの酒巻氏は、ネクスト社に入ることになった。最初はただの社員だったが、やがて経営にも参画し、上級副社長としてジョブズ氏と一緒に働くことになる。

一方、キヤノンが開発を続けていたパソコンは「NAVI」という名前で八八年に発売されていた。アイコンに触れるだけで使えるタッチパネル方式を採用。途中で操作が分からなくなったら、すべてをゼロに戻すキーを酒巻氏が着想して設けるなど、現在のｉＰｈｏｎｅにも通じる機能がいくつか搭載されていた。

前述の経営コンサルタント、大澤智氏は「日本企業は、（アメリカ企業のような）職務給を導入すべき。でないと、高度な人材をグローバルに採用できない」と語っていた。

この点、酒巻氏は「アメリカ企業の職務給とは、本人が認められるまでは厳しい仕組みなのです。アメリカ企業で認められるには、単に実力をつけるだけでなく、それを経営陣に対して表現する力、すなわちプレゼン力があるかどうかが重要です」と指摘する。

酒巻氏がネクスト社の経営に参画できたのは、キヤノンが出資していたということ以上に、ジョブズ氏が酒巻氏を認めていたことが大きかったという。

「僕たちはすでにＮＡＶＩをつくっていて、ネクスト社よりも技術が進んでいた。それをジョブズが認めたから、僕は（ネクスト社のジョブグレードに）入っていけたのです」

資金を提供するキヤノンの意思よりも、ジョブズ氏は技術力の評価を重視した。が、ジョブズ氏を前にプレゼンしろといわれるのは、かなり難しい要求だっただろう。

酒巻氏は、カリフォルニア州レッドウッドシティにあったネクスト社の近くにアパートを借り、実質的に常駐した。何かと因縁があったジョブズ氏と一緒に仕事をするようになり、時間が経過するにつれ、とても重要なことを見抜く。

それは、「この人は天才技術者ではない」ということだった。

「キヤノンの技術陣と比べれば、ジョブズの技術レベルは平均的でした。ただし、デザインへのこだわりが凄かった。技術者なら誰でも持っている合理的な発想を捨ててまで、デザインを優先する。しかも、個々の技術、デザイン、さらにはプロモーションまで何でも理解でき、優秀な人を使って全体をまとめられる。

だから、ジョブズは天才エンジニアではなく、天才たちを自在に使いこなすインテグレーター（統合者）なんでしょう。一番感心するのは、できもしないことを、さもできそうに訴えるあのプレゼン力でした」

猛獣だと考えていたジョブズ氏だが、本当の姿は個性の強いスタッフを使いこなす「猛獣使い」だったという。

一方酒巻氏はジョブズ氏と、頻繁に衝突した。

「このデザインでは、コストが見合いません」

「こうしなければ、売れないんだ」

互いに強気な性格であり、決して譲らない。そんなとき、酒巻氏はジョブズ氏との面談の約束をわざとすっぽかし、ゴルフに出掛けたという。

「俺のアポイントを無視して許されるのは、合衆国大統領を除けば数人しかいない。なのに、あいつは平気ですっぽかす……」

と、自尊心が強いジョブズ氏は激怒したという。しばらくは互いに口も利かなくなるが、これはジョブズという人間を見抜いた酒巻氏が打った作戦だった。

「ジョブズの心を乱すのです。彼が感情的になり自分を見失ったほうが、むしろ我が方のペースになったのです」

やがて和解すると、サンフランシスコのリトルトーキョーにある鮨屋に二人は寄る。ジョブズ氏の日本趣味はつとに有名だが、ベジタリアンだったため、鮨屋にいっても普通の握り寿司は食べず、もっぱらカッパ巻きばかり食べたそうだ。

「デリシャス」を連発しながらカッパ巻きを頬張るカリスマに向かって、酒巻氏は「そんなもの美味しくないよ」と諭していたという。

対立はあっても、二人は深い部分では互いを認め合っていて、絶縁することはなかった。自分の考えを、ぶつけあい続ける。

なお、ネクスト社はその後アップルによって買収され、ジョブズ氏は一九九七年にアップルに復帰する。ネクスト社が生んだソフト資産と人材は、今日のアップルの礎となった。

一方、キヤノンはネクスト株を放出し、パソコンの本体事業から撤退、プリンターなど周辺機器に経営資源を集中させていった。ビジネス関係が終わった後も、ジョブズ氏が初代iPhoneを酒巻氏に贈るなど、二人は最後まで交流を続けた。

日本人を大事にしない企業は移民も大事にできない

帰国した酒巻氏は常務生産本部長となり、九九年には埼玉県秩父市に本社を置くキヤノン電子社長に就く。上場するキヤノン電子はかろうじて黒字を確保していたものの、多額の借り入れがあり経営状況は厳しかった。

このとき、実は酒巻氏のもとに複数の米社から〝オファー〟が寄せられていた。大経営者ジョブズと渡り合った男である。能力が高い経営者を、世界は放ってはおかない。当然、提示された報酬は破格のものだった。酒巻氏も、「しばらくしたら、動こうか」と考えた。

だが、酒巻氏は日本にとどまる決断をした。一体何があったのか。

生産本部長の時でも、酒巻氏は滅多に工場を訪れなかった。本部長の役割は工場を視察することではないと、判断していたためだ。しかし、本社が工場に併設するキヤノン電子では、自ずと工場の現状を目の当たりにする。

するとどうだろう、五〇代のオジサンやオバサンたちが必死に働いているではないか。キヤノン本社の方針が間違っていても、文句の一つも言わずに。ゴキブリが走る社員食堂でカップ麺を食べながらだ。また、パートや派遣など非正規雇用も多く、彼らは特に厳しい条件のもとで働いていたのだ。

現場を見て、酒巻氏は気づき、そして決意する。

「キヤノンを本当に支えているのは、この人たちだ。我々、経営者じゃない。これまで僕は、自分のために働いてきた。これからは、この人たちを幸せにするために働こう」

全社員を食堂に集めると、酒巻氏は自分の思いを言葉にする。

「仮にキヤノンが潰れても、我々キヤノン電子は生き残ります」

社員食堂やトイレ、駐車場といった社員が使う施設の改装、整備を手始めに、経営改革に取り組む。四割いた非正規社員を含め一切のリストラはせずに、リーマンショックなどの危機を乗り切っていく。一九九九年の同社の売上高経常利益率はわずか一・五％だったが、一八年一二月期は一〇・五％となっている。

「経営者は弱い立場の人を、守らなければならないのです。社員にはみな、生活がある。家族を持つ人も多い。そもそも、サラリーマンはサラリーマンをいじめてはいけないと、僕は思う」

キヤノン電子にはユニークな取り組みとして「部下がやりたいことを、上司が断ってはいけない」というルールがある。

「断った上司は降格などの処分を受ける。実際に降格された上司もいます。自分で考えられる社員を育成したいからです。若手をはじめ、やりたいことに挑戦してもらう。失敗した場合の責任は、挑戦を認めた僕がすべてを負います。ヒットは期待していない。失敗から多くの気づきを得られるのです」

微生物を使った生ゴミ処理機、スピーカーや植物育成機、生産設備などが開発されたほか、多くの提案が現場から上がるようになった。

まずは日本人を大切にしようとするのは、キヤノン電子を改革した自身の経験が背景としてあるようだ。

多様な国籍・人種からなる組織を運営するための「鉄則」

さて、日本人はこれから内外で進むグローバル化にどう対処したら良いのか。グローバル人材であり国際的な経営者である酒巻氏に、進むべき道を示してもらった。

「（外国人に対し）言いたいことを、言うべし。忖度《そんたく》をしてはいけない」

ジョブズ氏にも正面から言いたいことを言い、それが評価された酒巻氏の発言だけに重みがある。相手の言っていることを理解し、こちらの言いたいこと、言うべきことはきちんと伝える。批判を根に持たず、とことんまで話し合う。とことんやり合わないと、互いに違いを認め合うことはできない。

一部のエリート層に対してだけでなく、ワーカーなどを合わせた外国人全般に対して、多様な考え方が共存しうるためのコミュニケーションの鉄則は共通している。ダメなものはダメと伝え、その理由も必ず説明すること。以心伝心はもちろん、忖度しろといっても外国人には通用しないものだ。
「ただし、日本人上司への忖度は必要です。それをしないと、外されてしまうこともある」と酒巻氏は笑う。
坂巻氏が考える、多様性を尊重する会社のあり方とはどのようなものだろうか。

「外国人を安価な労働力と見るべからず。決して差別をしてはいけない」

外国人を安い労働力と見なし酷使する行為は、たとえ法律の枠内で行われたとしても、その精神において技能実習で発生した問題の延長でしかない。過重労働や失踪の実態が表面化すれば日本は世界から再び指弾されるだろう。
外国人だからと、差別をしてはいけない。
「日本人と同じ機会を外国人にも与えるべきです。将来は会社の幹部や役員にするというイメージを、経営者は持たなければならない」

「郷に入れば郷に従え。日本の文化や習慣は外国人にも従ってもらう」

酒巻氏がドイツで仕事をしているとき、住んでいたアパートの管理人から、「窓の拭き方」を伝授されたそうだ。ドイツではこまめに窓を掃除し、建物を外から見て清潔に保つことを重視する。そのため、窓を拭かずそのままにしていると、地域住民から嫌がられるのだそうだ。

「日本の場合、たとえば〝ゴミ出し〟のルールなどを、外国人にも守ってもらうことが重要です。

生活習慣だけでなく、企業文化にも従ってもらうことが必要です。日本の会社ならではの良い文化も多い。それを安易に海外企業の仕組みに合わせ、捨ててしまうのは賢明なことではありません。むしろ、新しく入ってきた外国人に、日本企業の良さを理解してもらい、企業文化に従ってもらうことが大切だと思います。

無理に職務給を導入するよりも、誰もが言いたいことを言い合える組織を育てるだけでも、会社は良い方向へ向かいます」

なお、外国人の高度人材を呼び込むためには、「一攫千金を狙えるベンチャーを起業しやすい社会の仕組みづくりが、日本に求められます」と指摘する。本当の高度人材は、サラリーマンよりも起業家を目指すというのだ。

「学歴ではなく、目標の中身で人を判断すべし」

日本人にも共通するが、海外でも次のような事情がある。

「やる気があり、虐げられてきた人は、反骨心からパワーをもち、かつ人生の目標をもっています。逆に、スタンフォードやＭＩＴを卒業していても、目標のない人は、平凡に終わってしまいがち」

その人が何を目指しているのかを見極めることは大切だ。

「日本人はアイデンティティーを持つべし。そのためには、地域を学び、愛すべし」

酒巻氏は海外で講演を行う時、同じ栃木県佐野市出身の政治家、田中正造（明治時代の衆院議員）を冒頭で必ず紹介する。足尾銅山鉱毒事件の解決に生涯をかけたことで知られる偉人だ。

「世界で初めて環境問題に立ち上がったのは日本人であり、私の故郷の先輩。最初にこう話すと、参加者は私にも敬意を払ってくれます」

キヤノン電子は埼玉県秩父市に本社がある。その縁もあって、酒巻氏は一〇年以上前から、いわゆる「秩父事件」についての啓蒙活動を行っている。

「地元の子供たちに、きちんと学ぶ機会を持たせるべき」だと地元教育委員会などに働きかけ、現在はテキストまで作成されているという。

秩父事件は明治の自由民権運動における、最も大きな農民蜂起だった。生糸の暴落という世界的な経済変化の中で、困窮する農民を悪政と高金利から解放しようとする、住民が中心となった民主化運動でもあった。首謀者たちは明治政府から悪人のレッテルを貼られるが、地域の人たちは首謀者の家族を陰で温かく支えた、という歴史もあった。

「国を愛し、郷土を愛し、地域を愛したら、自分をも愛せるものです」

外国人から「あなたは何をしていますか」と問われ、例えばだが「キヤノン電子に勤めています」と答えれば、話はそこで途切れてしまうだろう。人間のアイデンティティーを構成する要素とは、会社の肩書だけではない。むしろ、地域や氏素性といった伝統と密接にかかわる要素のほうが、アイデンティティーだとみなされやすい。そういった要素を無視してしまうと、お互いの違いを認識し、敬意をはらいつつ理解し合うことは難しくなる。

グローバル化が進むほどに、個人のアイデンティティーは問われる。そのため、本当はその個人が属する最少の社会集団、ビレッジ（村）のようなものが大切になっていく。家族のルーツ、郷里、出身校、そして住んでいる地域があって、はじめて個人があるともいえる。

「伝説の」あるいは「天才」などと形容されるジョブズ氏のような人であっても、問題を抱えている場合もあるし、いつも最高のコンディションを維持できるわけでもない。

アメリカの有名起業家の中にも、SNSを使い大言壮語を繰り返す向きはいる。IR(インベスター・リレーションズ=企業が行う投資家向け広報)の観点から問題となるケースもある。

「ジョブズも、できないことをすぐできるように発言してしまうことがありました」と酒巻氏はいう。そういった同僚と付き合っていくためには、彼らの真意を見抜く力のようなものが必要だろう。見抜くには、まずは「個」を確立し対等な人間関係を築くところから始めるしかない。そのためには、その「個」を規定するアイデンティティー、すなわち所属する地域共同体や家族の歴史や伝統について、知っておくことが重要になるはずだ。

いずれにせよ、日本に暮らす外国人が増えていく「内なるグローバル化」の局面は、日本人一人ひとりがおのおののアイデンティティーを見つめ直していくための、トリガーとしても働くだろう。

「働き方改革」の徹底によって魅力ある職場づくりを

メキシコ国籍のボリオ・エルネスト氏は、上智大学国際教養学部を卒業した後、京王プラザホテルに二〇一六年に入社した。一人だけ在籍する韓国籍社員を除くと、外国人の総合職社員は京王プラザにとって彼が初めてであり、いまでも二人しかいない。

現在ホテルのフロント業務に従事するエルネスト氏は言う。

「欧米企業に入社すると、まわりはエネミー（敵）。これに対し、日本企業に入社すれば、まわりはみなファミリー。実はこれ、外資系ホテルからも内定をもらっていた、私より三期上の女性トレーナーの言葉ですが、私もその通りだと思います」

父親は整形外科医。子供の頃から、ポケモンをはじめ日本アニメのスペイン語放送を観て育った。中学生の時には、日本文化を学ぶ部活に所属して日本語も学ぶ。「いつか日本に行きたい」と思っていた。

メキシコの学制は、日本と同じ六・三・三・四制である。エルネスト氏は大学では経営学部に進むが、一学年が終わったときに日本へ留学、上智大学に編入する。

上智大の国際教養学部は、留学生と日本人の帰国子女が多くを占める。講義は英語なので、エルネスト氏にとって日本語の壁はなかった。

それでも、日本語はしっかり勉強した。四年時には、日本語能力試験（ＪＬＰＴ）で「Ｎ２」に合格する。一方、学部では引き続き経営学を専攻。日米企業の経営の違い、自動車会社の改善活動などを専門的に学んだ。

就活では、複数の自動車会社から内定を得た。だが、自動車会社はみな、「いずれはメキシコで勤務してほしい」と内々に打診してきた。日産、ホンダ、トヨタ、マツダはメキシコに工場を持っている。

だが、エルネスト氏は「日本で働きたい」という気持ちが強く、自動車メーカーは断り、京王プラザへの入社を決める。

フランス料理のシェフや中華の料理人など、専門的な職種に従事していた外国人は、京王プラザでも過去にいたことがある。しかし、総合職として同社に入社した外国人は珍しい。

訪日外国人旅行者が年間三〇〇〇万人を超え、四〇〇〇万人に達する勢いとなっている。こうした情勢のなか、「外国人のお客様への対応を強化するのと、ダイバーシティーの観点から、これからも外国人の総合職を増やしていく考えです。なお、特定技能については、具体的な受け入れ計画を検討中です」(同社幹部)。

なお、京王プラザの宿泊客に占める外国人の比率は約七五%。高級ホテルの平均は五割前後と見られ、比較的高いのは特徴だ。

「日本で働いてみて驚いたことがいくつかありました」と、エルネスト氏は話す。

まず、先輩と後輩の関係に驚いたという。

外国籍の学生が多かった上智大国際教養学部には、学年や年齢の差による上下関係はなかった。よってエルネスト氏は日本の先輩後輩関係に就職して初めて触れた。このため、働き始めの頃は、トレーナーとの関係もギクシャクしていたそうだ。

次に戸惑ったのは、残業だった。エルネスト氏は次のように言う。

「メキシコでもアメリカでも、残業のイメージは悪い。その人の能力がないから、仕方なくやるのが残業、という解釈なのです。ドイツ人なら、六時になったら、サッサと帰宅してしまうでしょう。

ところが、日本人は残業を違和感なく受け入れています。

実は、日本にいる外国人留学生の間で、就職先を選ぶポイントは残業が多いかどうかです。もちろん、残業が多い会社は留学生には敬遠されています。外国人が入社してもすぐに辞めてしまうのは、残業時間が長いことが理由だと思います」

働き方改革関連法により、残業時間の上限は月四五時間・年間三六〇時間となった。大企業では一九年四月から（中小企業では二〇年四月から）導入される予定だ。

「日本の国際競争力を弱体化させる」（メーカーの経営者）という批判もある。が、外国人の高度人材獲得という側面では、優位に働く可能性はあるだろう。

それはともかく、エルネスト氏が入社して初めて残業をしたときには、上司から「よく頑張ったね」と声をかけられたそうだ。

ＯＪＴによる研修を受けた後、エルネスト氏はずっとフロント業務に就いている。利用客との接点にいるわけだ。

「最初は、敬語の使い方になかなか慣れることができませんでした。英語やスペイン語にも敬語はありますが、日本語ほど難しくはありません」

それでも、日本語は急速に上達し、日本語能力検定の「Ｎ１」も「もう少しで合格できるレベルまできました」と話す。

英語圏とスペイン語圏の宿泊客からクレームがあり、日本人スタッフでは解決できない場合、最後にエルネスト氏が出動するという。おかげで言語によるトラブルが解消できるようになり、利用客の満足度向上にも貢献している。

「まずはＮ１に合格し、ホテルマンとしての自分を高めていきたい」

では、エルネスト氏は日本や外国人受け入れ拡大について、どう見ているのだろう。

「日本の良いところは、信頼できる日本人が多いことです。『やります』と言えば、絶対にやり遂げるタイプばかり。

次に、ホテル内でも遺失物が持ち主の手に戻ってくることが多いのには、驚かされます。財布はもちろん、高級時計、さらに数百万円の現金であっても、フロントまで届けられるのです。これがこの国の安全性の高さをよく表していると思います。

一方、日本人や日本の問題点は、多様性が十分ではないことだと思います。外国人、障害者、ＬＧＢＴに対して、違いを受け入れるための努力が社会全体により求められていると思います。

今回の、外国人の受け入れ拡大について私は賛成です。ただ、仕事の種類によって、事情は違うと考えます。

私は『専門的・技術的分野』の在留資格であり、今回の拡大の対象ではありません。ただし、特別に優遇される必要はありませんが、外国人の総合職が平等な機会を得て日本の会社に増えることは、ダイバーシティーを重視する経営につながり、企業にもメリットがあるのではないでしょうか。

今回はアジア諸国が対象で、今後外国人労働者がビル清掃や宿泊、介護などの分野にも入ってきます。大学などの高等教育を受けていない人たちですが、日本語や日本社会を仕事の合間に学べる機会を設けられれば、彼らも早く日本に適応できると考えます。

今、私の母国メキシコからアメリカを目指す移民が世界でも問題になっている。専門的な教育機会があれば、彼らの状況も良くなるだろうと感じます」

個人を尊重する組織文化が外国人労働者を輝かせる

焼肉やラーメン、お好み焼き店を全国に約四六〇店展開する物語コーポレーション（本社は豊橋市）は、二〇〇七年から外国人社員の採用を本格化させた。一九年二月現在、一〇五〇人の正社員のうち、外国人は七八人。七・四％を占める。

「決して、人手不足の対応から外国人を採用したわけではありません。外国人を採用することで、社内の議論を活発化させ、社員個人と会社がより成長することを狙っています。つまり、ダイバーシティー経営の推進こそが外国人を採用した目的なのです。なので、特定技能による採用は計画していません」

と、新田崇博・執行役員経営理念推進本部本部長は話してくれた。

人手不足の緩和ではなく、外国人労働者を自社の成長にいかに結びつけるか、をテーマにしている。

物語コーポレーションで働く外国人は、全員が総合職での採用で、日本の四年制大学を卒業した者ばかりである。たいていは、来日してから二年間は日本語学校に通い、「N2」か「N1」を取得、その後に大学に進学する。七八人の内訳は中国、ネパール、韓国、インドネシア、ミャンマーなど、しめて九カ国である。

日本人、外国人といった差別も区別も、物語コーポレーションには存在しないという。「個人を尊重するのが、当社の企業文化。自分の意見を言い合い、新しいものをつくっていく」と新田氏は話す。特に、日本企業にとって異質な存在である外国人を、あえて入れることで、企業全体のイノベーションを生み出す力、新たな価値創造を加速させる狙いがあるという。

その一例が、同社が豊橋市に一七年夏にオープンさせた、新業態のラーメン店「きゃべとんラーメン豊橋草間本店」である。

この店の店長は中国人で、副店長はインドネシア人、そして主任にはネパール人を起用した。客席数は約七〇で、三〇人から五〇人のアルバイトを出身国の違う正社員三人が指揮する。

主力商品は醤油豚骨ラーメンをベースに、素揚げしたキャベツを組み合わせた、同社のオリジナルメニューである。

新田氏は「開店後も、現場の三人は議論を重ね、ラーメンの味は数回は変えました。さらに、ロードサイドの看板を変えたり、車椅子のお客様が利用しやすいように、入り口の段差をなくしたりと、少しずつ改善を積み重ねてきました」と話す。

日本人同士という同質性ではなく、敢えて異質を取り入れたことで、店舗の進化が加速している。そのユニークさもあって順調に集客を伸ばし、横須賀市や静岡県富士宮市、鈴鹿市にも「きゃべとんラーメン」を出店していった。

原点となった本店では来店した日本人客が、外国人社員の三人に、「頑張っているね、日本で」と声をかけてくれることが増えているそうだ。店が繁盛すれば、店長らが日本人か外国人かは関係なく、お客は支持するものだという。

物語コーポレーションでは、外国人社員のことを「インターナショナル社員」と呼んでいる。

「インターナショナル社員の方が、日本人社員よりも多くの意見を言います。『テーブルはなぜこの色なのでしょう』などといった意見を聞いて、新鮮な気づきを得ることもある。当社では、どんな意見に対しても、否定してはいけないというルールがあります」と伊藤康裕・経営理念推進本部広報室室長は話してくれた。

もちろん、議論は現場だけで交わされているわけではない。役員と部長以上が出席する経営会議にも、店長以上の社員が〝オブザーバー〟として出席する仕組みが同社にはある。その仕組みによって経営会議に出席した外国人店長から、役員に向かって積極的な意見が出されるそうだ。

もっとも、すべてが順風満帆だったわけではない。

二〇一三年には四月に入社したインターナショナル社員六人のうち、五人が退社してしまい、社内に衝撃が走ったという。

原因を探るため、社員に対するヒアリング調査を実施すると、外国人社員が抱える不安と、店長など受け入れ側との意識の差が浮き彫りになった。

日本人も外国人も一緒と、制度の上での平等を強調していたものの、逆に平等な仕組みにしているという慢心がどこかにあった。外国人社員たちが文化や風習、言葉の壁に悩んでいたことに、会社は気づかず、フォローできていなかった。

とりわけ、「あうんの呼吸」は通用しないことが浮き彫りになった。

この反省から、物語コーポレーションではフォロー体制を再構築する。外国人社員への研修やコミュニケーションの機会を拡充し、その後は外国人社員の離職率を減らしているという。

新田氏は次のように語る。

「外国人社員を総合職で入れるだけで、会社が変われるわけではありません。たとえば、同じ日本人同士でも、いまの二〇代や三〇代と、バブルを経験したそれ以上の世代とは、まるで意識が違います。

〝いつかはクラウン〟というキャッチコピーがあったように、高級車に乗り家を持つことが成功の証だと、五〇代以上の方々は考えていたのではないでしょうか。

ところが、いまの若者たちはそもそもクルマに関心がありません。とりあえずビールで乾杯することもありませんし、キャバクラやクラブで羽目を外すのもダサイと考えています。

日本人同士でさえ、世代が違えばこれだけ価値観が異なるのです。これが日本人と外国人の間であれば、意識の差はより大きくなります。

こういった違いを乗り越え、社員同士が互いに〝違い・個性を認め合う〟ためには、個人対個人のコミュニケーションが重要になってくるのです」

「日本語の壁」に悩む外国人をどう活用するかがカギ

外食をはじめ、人手不足はやはり深刻だ。

サッポロビールグループで「銀座ライオン」などを全国に約一七〇店舗展開するサッポロライオン（本社は東京都渋谷区）は、「人口減と少子高齢化が進んでいると実感します。もとより人の入れ替わりが激しい業界であることに加え、働き方改革推進による一人ひとりの労働時間管理の制限も重くのしかかり、店舗は常に人手不足です」（同社）と訴える。「最低賃金の上昇とともに時給も高騰し、店舗運営をより難しくしています。そもそも拘束時間が長く、給与水準が他の業界と比べて高いとはいえない外食業界は、ブラックなイメージが根強い。このため、大学新卒組は外食業界を生涯働くステージとして考えなくなっています。採用の難易度は増すばかりです」

そこで、主婦やシニア層、障害者、そして外国人の活用を進めている。

二〇一八年一二月時点で、同社でアルバイト・パートとして働く人は約三七〇〇人。このうち外国人は四五一人（内訳は客席担当一三五人、調理担当三一六人）で、留学生が三四一名（客席一〇〇人、調理二四一人）と約七五％を占める。残りは、定住者や永住者、その配偶者や家族だ。

外国人労働者にしっかり働いてもらい、定着率を高めるため、初期教育のツールとして多言語化したマニュアルを用意したり、店舗別に親睦会を開いて関係性を深める努力を重ねている。

「外国人労働者の良い面は、日本人に比べて真面目でハングリーだということ。一方、当社の客席スタッフとして求める日本語力には達していない人が多い。このため、どうしても調理での雇用が多くなります。

外国人労働者の受け入れ拡大は、採用難が深刻化しているだけに大賛成です。新しい在留資格「特定技能一号」によりフルタイムでの雇用が解禁となったことは追い風です。ただし、受け入れ側の体制づくりが追いついていないのが実情です。中期的には海外からの直接大量採用も選択肢として検討したいと思います。

滞在が通算五年間に限定されているのがネック、という声はありますが、五年は人員補充には十分な期間であり、当社としては活用したいと思っています。しかしながら、外食分野での特定技能による外国人就労者の受け入れ見込み数は、最大で五万三千人。政府の試算『外食業分野での人員不足二九万人』を埋めるには、大きく足りないのです。外食産業が早期に、在留資格『特定技能二号』の対象となることを望みます。

外国人労働者が、安心して長期に働ける環境をつくることが、人手不足を解消するためには重要だと思います。これまでの技能実習では、日本側の対応の悪さによって、日本に対するイメージを悪化させました。これからの対応でそれを払拭していく必要があります」


大和ハウス工業の樋口武男会長は言う。

「建設現場の仕事をやろうとする若い日本人がいません。なので、外国人を使うのは当然の流れです。すべての仕事が、ＡＩや機械に置き換えられるわけでもない。建設現場の仕事のクオリティを左右するのは、やはり人です。

出稼ぎ労働者を短期間だけ雇用する時代はもう終わりました。アジアから来る外国人を、長い時間をかけて、一流の職人へと育てていきたいと考え、いまも外国人を現場で使っています（正確には大和ハウスの協力会社が使っている）。

外国人だからと垣根を作るのが一番いけないと、私は思います。垣根を作ると、その人の可能性が制限され、成長が止まってしまう。

あり得ないことが起こるのが、いまという時代だと思います。以前は考えられなかった外国人の雇用も、今後はあたりまえになり、建設現場の仕事は外国人が中心になっていくでしょう」

建設業は危険でかつ重労働であり、過酷な割に賃金水準は高いとは言えない。このため、失踪する技能実習生が最も多いのが建設業だとされている。

新設された特定技能は、就労を目的とする在留資格だ。特定技能をもつ外国人労働者は、新たに外国から輸入する労働力として、業界間、地域間で争奪戦が繰り広げられることが予想される。繰り返しとなるが、国際貢献が目的の技能実習とは異なり、特定技能を持つ外国人労働者は、より好条件の職場へ転職することが可能だ。雇用の流動性がこれまでより高まるのは間違いない。

なお、仮に特定技能を持つ外国人労働者が仕事を〝辞めた〟場合、「三カ月以内の再就職が求められます。この三カ月という期限は、技人国を持つ外国人の場合と同じです。就労ビザである以上、普通の日本人と同じようにニートではいられません。一方、失業保険の適用は日本人と同じ条件です」と行政書士。

ちなみに、熟練者が対象の「特定技能二号」の技術評価試験が、早ければ二〇二一年度に予定されていることは、建設業にとって追い風となるだろう（試験は年に一、二回、日本で実施される予定)。

かなり難しくなると予想されるものの、この試験に合格し、特定技能二号を取得すれば、在留期間の更新が可能になる。しかも更新回数の制限はないため、事実上永住することが可能だ。配偶者や子供など家族の帯同も認められる。

長期の就労が可能になり、一〇年滞在すれば永住権を取得する道も開ける。永住権を得た先には、帰化すなわち日本国籍取得も視野に入ってくるだろう。

「移民は嫌だという日本人はいます。しかし、外国人も日本人も同じ人間です。日本人かどうかに関わらず、泥まみれになって現場で働く人間が日本には必要なのです」と樋口氏は話す。

建設の次に、技能実習生の失踪が多いとされるのが農業だ。しかも、就労場所はほとんどが地方である。

二〇一八年度の地域別最低賃金で、最も低いのは鹿児島県の一時間当たり七六一円だった。最高は、東京都の同九八五円で二二四円もの差がある。

戦後ほぼ一貫して農山村に住んでいた日本人の若者は、高い収入を求めて都会へと流出していった。

「日本の農業を支える」熱意を持つ若者は、いまや日本人ばかりではない。特定技能をもつ外国人も、農業に従事するようになる。技能実習生とは違って、転職が可能な彼らは、賃金の高い都会の仕事や、近郊の別の地域の農業へ転職してしまう可能性がある。

ＪＡ沖縄中央会は、農家への外国人労働者の派遣事業を積極的に推進している。国家戦略特区の枠組みを活用し、農業支援外国人受入事業の受入組織「農業人材支援センター」をＪＡ傘下に設置。いわゆる「特定機関」として二〇一九年一月に厚労省の認定も受けた。ベトナム人一六人と同センターが雇用契約を結び、同センターが「派遣元」となって、労働力を必要とする農家へ派遣する仕組みであり、一九年三月には農業経営への派遣が開始されている。

この一六人のベトナム人は技能実習二号の経験者ばかり。年齢は二〇代半ばから三〇代半ばで、女性も含まれている。四月以降は、特定技能一号へ転換していく予定だ。

ＪＡ沖縄中央会は「沖縄の農業は、超がつくほどの人手不足。高齢化が進み、働き手の若者を必要としています。一六人は技能実習を経て、『もう一度、日本で農業をやりたい』と希望してくれた若者たちばかり。みな、やる気と自信に満ちあふれています。まずは通年での派遣を想定しています」と話す。

ピーマンやスイートコーン、ゴーヤ、花卉《かき》（観賞用）の菊などが特産であり、これらの農業経営に一六人のベトナム人たちがすでに派遣されている。少子化が進む日本人の若者は農業への就業を敬遠しがちだが、広く世界に目を向ければ、日本の農業に魅力を感じるアジアの若者がいるのだ。農業の就業人口は一九九五年の四一四万人から二〇一八年には一七五万人に減少した。しかも、一八年では六五歳以上が六八・五％を占める（農水省調べ）。

超高齢化が進行する日本の農業だが、外国人の活用により活路を開こうと、もうすでに動き出している。

消費者としての移民がリテール産業の一大マーケットとなる

外国人労働者が増えることで、新しい消費ニーズが生まれる期待も大きい。

キリンビールの山形光晴常務執行役員は、移民解禁についてこう語る。

「就業者として所得を得る外国人が増えるわけです。しかも、二〇代が多いはず。日本でも若者に人気の缶チューハイなどで、新しいユーザーに新しい価値を提供していきたい。

ただ安いものだけを、ドンドン展開していくような計画は持っていません」

醸造酒に区分けされるビールは、実は国によって味も造りにも違いがある。そのため、生まれ育った国でなじんだ味に対応するのが難しい。

この点、ウォッカなどの蒸留酒をソーダや果汁で割ってつくる缶チューハイは、国籍の違いの影響を受けにくい飲料だと言える。飲みやすさが外国の若者にアピールすれば、日本国内だけでなく、国外の新しいニーズの掘り起こしも期待できる。


新たに移民として入ってくる外国人たちは、一体何を購入するのだろうか。

宗教上の制約がなければ、仕事の後に楽しむために、価格が安い発泡性の低アルコール飲料の消費が増えるのではないか。大手流通のＰＢ（プライベートブランド）の缶チューハイをはじめ、低価格な商品が動く可能性は高いだろう。

日用品や衣料品、アルコール類を含めた食品は、まずは低価格帯の商品が人気を集めるのではないか。その後、日本での生活が安定していけば、より高価格帯に位置するメーカーのＮＢ（ナショナルブランド）も消費されていくだろう。

冷蔵庫や洗濯機、掃除機といった家電品、移動に使う自転車も、来日する外国人労働者にとっては必需品だ。免許を保持していれば、中古を含め自動車を購入する向きもいるかも知れない。

住居は主に受入先企業や派遣会社が、手当てしていく形になるだろう。

いま経営者が動けば日本経済は救われる

一九八〇年代から九〇年代にかけて、アメリカでプアー・ホワイトが没落した現象は、これから日本でも発生するのだろうか。

アメリカでは一時的に都市が荒れたものの、その後社会の安定は取り戻されている。プアー・ホワイトから取って代わった、能力が高い部類の移民たちがパフォーマンスを発揮し、ハイテク企業の競争力を高めた。その結果、例えばシリコンバレー全体の賃金が上がり、地域全体が豊かになったのが理由だ。プアー・ホワイトが没落しても、中間層が安定していた点が大きかったろう。

これに対して、いまの日本は中間層がシュリンクしてしまっており、不安材料だ。背景には高齢化があるが、それだけでもない。

みずほリサーチ二〇一六年四月号の「衰退を続ける日本の中間層」（みずほ総合研究所

経済調査部部長・太田智之）は、次のように指摘している。

「日本の実質中位所得は、一九九二年をピークにほぼ一貫して下がり続けている。（中略）人口動態要因を調整してもなお、減り続けている事実に変わりはない。足元の実質所得は、ピーク対比でおよそ一二％も低い水準だ」

実質中位所得とは、世帯年収分布でちょうど中間に位置する人の年収を物価上昇率で割り戻した数字。中間層の衰退度合いを測る指標である。

なお、厚労省の「平成二九年国民生活基礎調査の概況」によれば、二〇一六年の一世帯当たり平均所得金額は「全世帯」が五六〇・二万円。ピークは九四年の六六四・二万円だった。

この状況で単純にアメリカ型の移民による雇用破壊を踏襲してしまえば、その影響が低位所得者にとどまらず、中間層にも及んでしまい、社会の安定性が大きく損なわれる可能性がある。

一方、新栄不動産ビジネスの新田氏は、実感をこめて次のように語る。

「生産活動が衰退した国は、歴史的に見れば、やがて衰退する運命にあります。アメリカもそろそろ危ないのではないでしょうか。日本は技術開発だけではなく、生産活動の復活、モノづくりの国としての再興を目指すべきです。そのために外国人労働者を大いに活用する必要がある」

例えばアップルの主力商品「iPhone」の製造プロセスの場合、アメリカで行っているのは技術開発と商品企画が中心である。部品を供給するのは日本など、最終組立を行うのは中国などであり、iPhoneの人気は、雇用はもちろんのこと、経済全体への恩恵をこの二カ国にももたらしている。

「日本では工場で働く技能者、すなわち職人をリスペクトする文化があります。職人を見下しているアメリカや中国とは大違いであり、日本のストロングポイントといえます。例えば、精密金属加工の職人技を継承する外国人の若者が誕生し、さらに彼が日本文化に共感して働き続けるなら、国内の生産現場は再び強くなれます」と、新田氏は語る。

しげる工業のように、最初は派遣社員のかたちからであっても、外国人労働者がその後幹部候補となるケースを、教育や社内の人事評価を工夫することで増やしていくことは可能だ。

日本の自動車や部品メーカーは、海外工場で現地社員を雇用し、海外生産でも高品質な製品を提供し続けてきた。現地社員にも日本人と同じように、小さな集団単位での活動に従事してもらい、メンバー同士の強い関係性に基づく組織を工場に醸成しながらである。

これを、国内工場でも実践すればいいのではないだろうか。

そう考えれば、「差別をしてはいけない」など、経営側が考えるべき、やるべきことが自然と見つかるはずだ。

外国人にはできるだけ長いあいだ働いてもらい、その後経営幹部になる機会も日本人と平等に用意するのが鉄則となる。

働かない高給取りは排除し、一方で、社会の安定性、企業組織のモラル低下を防ぐため、たとえジョブレベルは低くとも、プアー・ジャパニーズにも仕事を用意することが大事ではないだろうか。日本型経営の良い面すべてを捨ててしまう必要はない。むしろ、移民たちに対して、日本型経営とは何かを、経営者は堂々と説明できるようになるべきではないだろうか。

いや、もう一歩進めて、自社の魅力、自社の経営の特徴を、経営者は語れるようになるべきだろう。

二〇年後、日本の中で働く移民の子供たちに、日本版スティーブ・ジョブズが生まれる未来が訪れ、日本経済が飛躍的に発展しているかもしれない。

そのとき、人々は言うだろう。「元号が平成から令和にかわり、ラグビーワールドカップが日本で開催された二〇一九年が、日本経済が復活する転換点だった」、と。

おわりに

兎にも角にも本編を入稿し、初校ゲラが出てくるまでの〝束の間の休み〟を利用し、『グリーンブック』という映画を鑑賞した。三月に、地元の浦和の映画館だった。観ていない読者もいると思うので簡単にあらすじを説明する。

一九六二年のアメリカを舞台に、ニューヨーク在住の黒人天才ピアニストと、彼が雇った運転手兼ボディーガードのイタリア系アメリカ人が、人種差別が色濃く残っていた南部へ、八週間にわたる演奏旅行に出かける。カーネギーホールに住み、高い教養を持つピアニストと、ガサツで無学だが腕っ節の強い運転手は、最初は対立していたものの、旅が終わるまでには友情で結ばれていく、という内容。実話に基づいた映画であり、二人の友情は終生続いたそうだ。

本書の取材を進めるうち、「外国人との共生」はこれから大きなテーマになっていくと、私は感じた。内なるグローバル化が進むなか、異なる文化や背景をもつ外国人と日本人とが、映画のように、互いの違いを理解し合えるようになれるのだろうか……。

映画『グリーンブック』の冒頭の方には、自宅で作業をしてくれた黒人が使ったコップを、さりげなく白人の家主がゴミ箱に捨てるシーンがあった。この家主は、今作の主人公である黒人天才ピアニストの運転手兼ボディーガードであり、白人による黒人差別が色濃く残るアメリカ社会と、ちょうど鏡の裏表のような関係にある。

あるいは本編でも触れたように、移民がプアー・ホワイトの職を奪ったという歴史的経緯を考えると、二人の関係は社会の実態そのものを映している、と考えることもできそうである。

初めはコップを捨てるほどの嫌悪感すら持っていた白人の彼でさえ、黒人ピアニストの異才に接し、旅先で待ち受ける出来事や事件をくぐり抜け、いつしか従来とは違う考えを持つようになった。

映画をみるうち、本書の取材と映画のストーリーが、私のなかで微妙に重なり合っていた。

企業の中だけでなく地域社会においても、日本人と外国人、あるいは異なる国からやってきた外国人同士の「共生」は、やり方次第で、ここ日本でも可能なのではないか。

〝やり方〟の一丁目一番地は、やはり「言葉」であるのは、間違いない。本編に登場いただいた自称「現実的右翼」のI氏は、「たいていの日本企業は、技人国で受け入れる外国人労働者に対し、（日本語能力検定の）N2以上の日本語力を求めます。自分たちは、英語をはじめ外国語をできないのにです。これをN3にしてくれれば、多様な能力を持った人材がすぐに揃うのですが……。いまは、専門能力よりも日本語力が優先されます」と指摘する。

大泉町でブラジルレストランを経営する瀬間仲ノルベルト氏は、一五歳で宮崎県の日章学園に留学したとき、まったく日本語を理解できなかった。それでも「二年目には、話せるようになりました」という。

この一方、日産にいたカルロス・ゴーン氏などは、ほぼ二〇年間も日産のトップの地位にありながら、日本語をマスターできなかった。日本語以外なら、彼は複数の言語をあやつることができるにもかかわらず、日本語だけは話すことさえできなかった。言語の習得には年齢をはじめとして、様々な条件が関わる。個人によって習得速度にはどうしても差が生まれる。

実質的な移民政策を推進する方向に既に舵を切った以上、ドイツの先行事例ではないが、国主導による日本語講習の実施は、必須の政策と考え、すぐにでも実行していくべきだろう。

『グリーンブック』の設定の九年後に当たる七一年九月、すなわち〝ニクソンショック（ドルショック）〟が発生した直後、英語をまったく話せないにも関わらず、脱サラしてアメリカに渡った日本人の若者がいた。

当時二五歳になったばかりの石井静太郎氏は、このほぼ四半世紀後に、アプライドマテリアルズの人事担当VP（副社長）としてグローバル人事制度を構築することになるが、このときにはアプライドそのものがまだ創業して間もなかった（毎日新聞出版社発行の「週刊エコノミスト」誌の二〇一〇年一一月一六日号から三回にわたり、私は石井氏の半生を描いた「反骨の勝者・ある中卒団塊のアメリカ成功物語」を連載した）。

団塊世代の石井氏は、埼玉県の中学を卒業すると六三年にNECの三田工場（現在は同社本社がある）に就職。働きながら定時制工業高校を卒業していたが、「このまま定年まで働き続けても、自分は班長までしか出世できない」と気づく。定まった将来への反発心が募り、彼はとうとう生まれて初めて飛行機に乗り、ニューヨークへ旅立った。このとき彼には婚約者がいたという。

就学ビザを取得し、最初は英語学校に通って英語を学びながら、石井氏は日本料理店でアルバイトとして働く。いま、東京の居酒屋でアルバイトに励む外国人留学生のように。

英語はまったくできなかったが、四カ月が経過した頃、突然話せるようになる。「子供のとき、急に自転車に乗れるようになったのと同じ感覚でした」。

アルバイト先には、元ビートルズのジョン・レノン氏（故人）がヨーコ夫人をともない、頻繁に訪れていたそうだ。日本びいきであるレノン氏は配膳をする石井氏を可愛がってくれたという。滅多なことではサインをしないことで有名なジョンは、「サム（石井氏のこと）の頼みならならいいよ」と、快く紙ナプキンに何度もサインをしてくれたそうだ。

渡米した翌年春、フィアンセをニューヨークに呼び秋には結婚。直後に、マンハッタン島の南にあるペース大学会計学科に入学。卒業後、働きながら勉強を続け三〇代前半でCPA（アメリカの公認会計士資格）を取得する。

「これが大きかった」そうだが、石井氏はその後も転職を重ね、アプライドのエグゼクティブに出世していった。

初めての渡米から四〇年が経った二〇〇一年には、大リーグのシアトルマリナーズにイチロー選手が入団する。その推定年俸は約五六〇万ドルだったが、ストックオプション（自社株を購入する権利）を含めた石井氏の報酬は、イチロー選手を上回ったという。

「アメリカは競争のなかに、平等がありました。もちろん差別もありましたが、やる気のある人、できる人にはチャンスはフェアに与えられました」

「巨額の報酬も魅力だけど、競争社会の中で私と会社とが成長を遂げていくのは、ワクワクしました。それと、トップにいるすごく優秀な人間と仕事をすることに、興奮を覚えました。彼らは、仕事だけではなく芸術やスポーツでも一流という、ある種のスマートさを身につけていました。私のように日本の企業社会からは弾かれた人間が、そうした優秀な人間の中に混じるだけでなく、彼らを部下として使う立場につく。これこそダイバーシティの本来のありかたなのですが、とても不思議な気持ちでした」

日本の工場では単純労働のワーカー。いきなり渡米し、学位を取ってキャリアを積み、資格を取得してハイテク企業の上位二〇人に入るグループVPへ……。ダイバーシティーを進めていくと、移民の中から石井氏のようにキャリアの可能性を広げる人材も生まれていく。

一方、日本企業がハイポテンシャルな外国人材を獲得しようとすれば、せめて日本プロ野球の一流選手と同等規模の報酬は用意したいところだ。

在留資格における「高度専門職」の場合、「若くして高額なほどポイントは高くなります」と行政書士は話す。だが、本編で述べた通り、日本企業の人事制度で実現するのは難しい。

また、特に製造業の場合、研究開発の現場に優秀な外国人材を配置するだけでなく、工場など生産の現場にも、優秀な外国人労働力を確保し、双方を強化したいと考えている。研究開発と生産とは、モノづくりにおける両輪の関係。どちらが欠けても製造業の競争力は低下してしまう。

事実上の移民が解禁となったいま、異質を受け入れる力と、同時に自分たちのアイデンティティーを発信していく力とが、ともに必要となっていく。

企業にとってはもちろん、一人ひとりのビジネスパーソンにとっても、多様な人材と協調することがより重要になる。ビジネスの現場だけでなく、自治体・地域の活動や、生活者のレベルにおいても、ダイバーシティーとどう向き合うかが課題になる。

その際重要なことは、外国人に対し何もかもを受け入れるのではなく、「悪いものは悪い」と主張すること。個々の日本人が自分の考えを主張できる社会をつくっていかなければならないだろう。

それでも、移民の受け入れを拒否し続ける企業や個人はいるだろう。ある意味、それもダイバーシティーと向き合うための、ひとつの選択肢として尊重しなければならない。

ただし、内なるグローバル化を止めることは、もはや不可能である。

一方で、地球規模で考えれば、国家や地域共同体といった人々の共通基盤や、社会の秩序自体が失われつつあり、ただ成果のみを追うグローバルな競争が激化する一途である。国家間、そして日本国内においても、経済的な格差は今後もより広がっていくはず。だが、その時の格差とは決して移民だけが原因ではない。受け入れ側と移民の双方に、忍耐が求められる。

多文化の融合は、容易ではない。短期的にみれば、異なる化学物質同士を混ぜ合わせた場合、その反応は劇的なものになることがある。

だが、長期的には必ず何かが新たに生まれていくのである。ちょうど大地に降った雨水が地下深くまでしみ込み、幾重もの異なる地層をくぐり抜けたのち、およそ三〇年後には清廉な水源を生成するように。

これからより一層、世界のなかでの〝日本人の真価〟が問われていくだろう。

最後になってしまったが、毎日新聞出版図書第二編集部の名古屋剛氏に、大きな感謝を申し上げたい。本を一冊つくる醍醐味のひとつは、才能豊かな編集者と同じ目標に向かって一緒に仕事をすることにある。名古屋氏の実力と人柄なくして、本書はできなかった。優秀なる編集者と出会えたことを感謝すると同時に、令和になって最初の一冊が本書であることに感激を覚えている。

私個人の思いはともかく、押し寄せる内なるグローバル化のなかを生き抜こうとする企業、ビジネスマンにとって、本書が考えるきっかけや一助となればと、願わずにはいられない。

二〇一九年五月
永井　隆

在留資格	本邦において行うことができる活動	該当例	在留期間
	ロ　法務大臣が指定する本邦の公私の機関との契約に基づいて自然科学若しくは人文科学の分野に属する知識若しくは技術を要する業務に従事する活動又は当該活動と併せて当該活動と関連する事業を自ら経営する活動		
	ハ　法務大臣が指定する本邦の公私の機関において貿易その他の事業の経営を行い若しくは当該事業の管理に従事する活動又は当該活動と併せて当該活動と関連する事業を自ら経営する活動		
	２号 　１号に掲げる活動を行った者であって、その在留が我が国の利益に資するものとして法務省令で定め る基準に適合するものが行う次に掲げる活動 イ　本邦の公私の機関との契約に基づいて研究、研究の指導又は教育をする活動 ロ　本邦の公私の機関との契約に基づいて自然科学又は人文科学の分野に属する知識又は技術を要する業務に従事する活動 ハ　本邦の公私の機関において貿易その他の事業の経営を行い又は当該事業の管理に従事する活動 ニ　２号イからハまでのいずれかの活動と併せて行うこの表の教授、芸術、宗教、報道、法律・会計業務、医療、教育、技術・人文知識・国際業務、介護、興行、技能の項に掲げる活動（２号イからハまでのいずれかに該当する活動を除く。）		無期限
経営・管理	本邦において貿易その他の事業の経営を行い又は当該事業の管理に従事する活動（この表の法律・会計業務の項に掲げる資格を有しなければ法律上行うことができないこととされている事業の経営又は管理に従事する活動を除く。）	企業等の経営者・管理者	５年、３年、１年、４月又は３月

在留資格一覧①（2018年８月時点、法務省）

在留資格	本邦において行うことができる活動	該当例	在留期間
外交	日本国政府が接受する外国政府の外交使節団若しくは領事機関の構成員、条約若しくは国際慣行により外交使節と同様の特権及び免除を受ける者又はこれらの者と同一の世帯に属する家族の構成員としての活動	外国政府の大使、公使、総領事、代表団構成員等及びその家族	外交活動の期間
公用	日本国政府の承認した外国政府若しくは国際機関の公務に従事する者又はその者と同一の世帯に属する家族の構成員としての活動（この表の外交の項に掲げる活動を除く。）	外国政府の大使館・領事館の職員、国際機関等から公の用務で派遣される者等及びその家族	５年、３年、１年、３月、30日又は15日
教授	本邦の大学若しくはこれに準ずる機関又は高等専門学校において研究、研究の指導又は教育をする活動	大学教授等	５年、３年、１年又は３月
芸術	収入を伴う音楽、美術、文学その他の芸術上の活動（この表の興行の項に掲げる活動を除く。）	作曲家、画家、著述家等	５年、３年、１年又は３月
宗教	外国の宗教団体により本邦に派遣された宗教家の行う布教その他の宗教上の活動	外国の宗教団体から派遣される宣教師等	５年、３年、１年又は３月
報道	外国の報道機関との契約に基づいて行う取材その他の報道上の活動	外国の報道機関の記者、カメラマン	５年、３年、１年又は３月
高度専門職	１号 高度の専門的な能力を有する人材として法務省令で定める基準に適合する者が行う次のイからハまでのいずれかに該当する活動であって、我が国の学術研究又は経済の発展に寄与することが見込まれるもの イ　法務大臣が指定する本邦の公私の機関との契約に基づいて研究、研究の指導若しくは教育をする活動又は当該活動と併せて当該活動と関連する事業を自ら経営し若しくは当該機関以外の本邦の公私の機関との契約に基づいて研究、研究の指導若しくは教育をする活動	ポイント制による高度人材	５年

在留資格	本邦において行うことができる活動		該当例	在留期間
技能実習	1号	イ　技能実習法上の認定を受けた技能実習計画（第一号企業単独型技能実習に係るものに限る。）に基づいて、講習を受け、及び技能等に係る業務に従事する活動	技能実習生	法務大臣が個々に指定する期間（1年を超えない範囲）
		ロ　技能実習法上の認定を受けた技能実習計画（第一号団体監理型技能実習に係るものに限る。）に基づいて、講習を受け、及び技能等に係る業務に従事する活動		
	2号	イ　技能実習法上の認定を受けた技能実習計画（第二号企業単独型技能実習に係るものに限る。）に基づいて技能等を要する業務に従事する活動		法務大臣が個々に指定する期間（2年を超えない範囲）
		ロ　技能実習法上の認定を受けた技能実習計画（第二号団体監理型技能実習に係るものに限る。）に基づいて技能等を要する業務に従事する活動		
	3号	イ　技能実習法上の認定を受けた技能実習計画（第三号企業単独型技能実習に係るものに限る。）に基づいて技能等を要する業務に従事する活動		法務大臣が個々に指定する期間（2年を超えない範囲）
		ロ　技能実習法上の認定を受けた技能実習計画（第三号団体監理型技能実習に係るものに限る。）に基づいて技能等を要する業務に従事する活動		

在留資格一覧②

在留資格	本邦において行うことができる活動	該当例	在留期間
法律・会計業務	外国法事務弁護士、外国公認会計士その他法律上資格を有する者が行うこととされている法律又は会計に係る業務に従事する活動	弁護士、公認会計士等	5年、3年、1年又は3月
医療	医師、歯科医師その他法律上資格を有する者が行うこととされている医療に係る業務に従事する活動	医師、歯科医師、看護師	5年、3年、1年又は3月
研究	本邦の公私の機関との契約に基づいて研究を行う業務に従事する活動（この表の教授の項に掲げる活動を除く。）	政府関係機関や私企業等の研究者	5年、3年、1年又は3月
教育	本邦の小学校、中学校、義務教育学校、高等学校、中等教育学校、特別支援学校、専修学校又は各種学校若しくは設備及び編制に関してこれに準ずる教育機関において語学教育その他の教育をする活動	中学校・高等学校等の語学教師等	5年、3年、1年又は3月
技術・人文知識・国際業務	本邦の公私の機関との契約に基づいて行う理学、工学その他の自然科学の分野若しくは法律学、経済学、社会学その他の人文科学の分野に属する技術若しくは知識を要する業務又は外国の文化に基盤を有する思考若しくは感受性を必要とする業務に従事する活動（この表の教授、芸術、報道、経営・管理、法律・会計業務、医療、研究、教育、企業内転勤、介護、興行の項に掲げる活動を除く。）	機械工学等の技術者、通訳、デザイナー、私企業の語学教師、マーケティング業務従事者等	5年、3年、1年又は3月
企業内転勤	本邦に本店、支店その他の事業所のある公私の機関の外国にある事業所の職員が本邦にある事業所に期間を定めて転勤して当該事業所において行うこの表の技術・人文知識・国際業務の項に掲げる活動	外国の事業所からの転勤者	5年、3年、1年又は3月
介護	本邦の公私の機関との契約に基づいて介護福祉士の資格を有する者が介護又は介護の指導を行う業務に従事する活動	介護福祉士	5年、3年、1年又は3月
興行	演劇、演芸、演奏、スポーツ等の興行に係る活動又はその他の芸能活動（この表の経営・管理の項に掲げる活動を除く。）	俳優、歌手、ダンサー、プロスポーツ選手等	3年、1年、6月、3月又は15日
技能	本邦の公私の機関との契約に基づいて行う産業上の特殊な分野に属する熟練した技能を要する業務に従事する活動	外国料理の調理師、スポーツ指導者、航空機の操縦者、貴金属等の加工職人等	5年、3年、1年又は3月

在留資格	本邦において行うことができる活動	該当例	在留期間
日本人の配偶者等	日本人の配偶者若しくは特別養子又は日本人の子として出生した者	日本人の配偶者・子・特別養子	5年、3年、1年又は6月
永住者の配偶者等	永住者等の配偶者又は永住者等の子として本邦で出生しその後引き続き本邦に在留している者	永住者・特別永住者の配偶者及び本邦で出生し引き続き在留している子	5年、3年、1年又は6月
定住者	法務大臣が特別な理由を考慮し一定の在留期間を指定して居住を認める者	第三国定住難民、日系3世、中国残留邦人等	5年、3年、1年、6月又は法務大臣が個々に指定する期間（5年を超えない範囲）

※2019年4月より、「特定技能1号」「特定技能2号」が追加。

在留資格一覧③

在留資格	本邦において行うことができる活動	該当例	在留期間
文化活動	収入を伴わない学術上若しくは芸術上の活動又は我が国特有の文化若しくは技芸について専門的な研究を行い若しくは専門家の指導を受けてこれを修得する活動（この表の留学、研修の項に掲げる活動を除く。）	日本文化の研究者等	3年、1年、6月又は3月
短期滞在	本邦に短期間滞在して行う観光、保養、スポーツ、親族の訪問、見学、講習又は会合への参加、業務連絡その他これらに類似する活動	観光客、会議参加者等	90日若しくは30日又は15日以内の日を単位とする期間
留学	本邦の大学、高等専門学校、高等学校（中等教育学校の後期課程を含む。）若しくは特別支援学校の高等部、中学校（義務教育学校の後期過程及び中等教育学校の前期課程を含む。）若しくは特別支援学校の中学部、小学校（義務教育学校の前期過程を含む。）若しくは特別支援学校の小学部、専修学校若しくは各種学校又は設備及び編制に関してこれらに準ずる機関において教育を受ける活動	大学、短期大学、高等専門学校、高等学校、中学校及び小学校等の学生・生徒	4年3月、4年、3年3月、3年、2年3月、2年、1年3月、1年、6月又は3月
研修	本邦の公私の機関により受け入れられて行う技能等の修得をする活動（この表の技能実習1号、留学の項に掲げる活動を除く。）	研修生	1年、6月又は3月
家族滞在	この表の教授、芸術、宗教、報道、高度専門職、経営・管理、法律・会計業務、医療、研究、教育、技術・人文知識・国際業務、企業内転勤、介護、興行、技能、文化活動、留学の在留資格をもって在留する者の扶養を受ける配偶者又は子として行う日常的な活動	在留外国人が扶養する配偶者・子	5年、4年3月、4年、3年3月、3年、2年3月、2年、1年3月、1年、6月又は3月
特定活動	法務大臣が個々の外国人について特に指定する活動	外交官等の家事使用人、ワーキング・ホリデー、経済連携協定に基づく外国人看護師・介護福祉士候補者等	5年、3年、1年、6月、3月又は法務大臣が個々に指定する期間（5年を超えない範囲）
永住者	法務大臣が永住を認める者	法務大臣から永住の許可を受けた者（入管特例法の「特別永住者」を除く。）	無期限

[著者紹介]
永井隆（ながい・たかし）
1958年生まれ。群馬県桐生市出身。明治大学卒業。1992年、記者をしていた東京タイムズが突如休刊し失業を経験。フリージャーナリストとして独立。雑誌や新聞、ウェブで精力的に執筆。主な著書に『EVウォーズ』『アサヒビール30年目の逆襲』『サントリー対キリン』『人事と出世の方程式』（日本経済新聞出版社）『現場力』（PHP研究所）など。

移民解禁《いみんかいきん》

受《う》け入《い》れ成功企業《せいこうきぎょう》に学《まな》ぶ外国人材活用《がいこくじんざいかつよう》の鉄則《てっそく》

印　刷　2019年5月10日
発　行　2019年5月25日

著　者　永井隆《ながいたかし》

装　丁　奏浩司（hatagram）

写真提供　毎日新聞社

発行人　黒川昭良

発行所　毎日新聞出版
〒102-0074　東京都千代田区九段南1-6-17　千代田会館5階
営業本部:03(6265)6941
図書第二編集部:03(6265)6746

印刷・製本　光邦

ISBN978-4-620-32581-1